FOR ENGLISH LANGUAGE TEACHERS

英语教师专业素养丛书

丛书主编

顾永琦
Peter Yongqi Gu

余国兴
Guoxing Yu

中学英语教师行动研究：
测评与教学

朱晓燕　著

外语教学与研究出版社
FOREIGN LANGUAGE TEACHING AND RESEARCH PRESS
北京 BEIJING

图书在版编目（CIP）数据

中学英语教师行动研究：测评与教学 / 朱晓燕著. –– 北京：外语教学与研究
出版社，2021.4（2021.8 重印）
（英语教师专业素养丛书 / 余国兴等主编）
ISBN 978-7-5213-2451-8

Ⅰ.①中… Ⅱ.①朱… Ⅲ.①英语课－教学研究－中学 Ⅳ.①G633.412

中国版本图书馆 CIP 数据核字（2021）第 049494 号

出 版 人　徐建忠
项目策划　姚　虹
责任编辑　陈　宇
责任校对　李旭洁
装帧设计　郭　莹
出版发行　外语教学与研究出版社
社　　址　北京市西三环北路 19 号（100089）
网　　址　http://www.fltrp.com
印　　刷　唐山市润丰印务有限公司
开　　本　650×980　1/16
印　　张　18
版　　次　2021 年 4 月第 1 版 2021 年 8 月第 2 次印刷
书　　号　ISBN 978-7-5213-2451-8
定　　价　40.00 元

购书咨询：（010）88819926　电子邮箱：club@fltrp.com
外研书店：https://waiyants.tmall.com
凡印刷、装订质量问题，请联系我社印制部
联系电话：（010）61207896　电子邮箱：zhijian@fltrp.com
凡侵权、盗版书籍线索，请联系我社法律事务部
举报电话：（010）88817519　电子邮箱：banquan@fltrp.com
物料号：324510001

记载人类文明
沟通世界文化
www.fltrp.com

Series Editors' Preface

Pedagogical content knowledge for English language teachers is a series that aims to provide a comprehensive knowledge base for busy classroom teachers. As the name suggests, the series covers issues related to the nature of language competence and how this competence is best taught, learned and assessed. It is hoped that, armed with this broad range of pedagogical content knowledge, ESL/EFL teachers will be able to meaningfully interpret the targets of teaching, learning and assessment, diagnose and solve problems in the teaching process, and grow professionally in the meantime.

The series includes the following seven broad areas:

1) Principles of language teaching
2) Curriculum and targets of teaching
3) Teaching language skills and knowledge
4) Teaching methodology and teaching tools
5) Testing and assessment
6) Language learning
7) Teacher as researcher

Unlike other books that aim for a similar knowledge base, this series attempts to be a digest version that bridges between theories and practices. It also aims to offer easy reading and inexpensive texts that teachers will find easily accessible and applicable. To achieve these aims, all books in this series are written in simple English or Chinese. Each book in this series is authored by an acknowledged authority on the topic. It includes a brief introduction to theories plus a brief review of major research findings. The main text, however, focuses on how the theories and research can be applied to the ESL/EFL classroom.

In addition to the print copy for each book, an e-book version will also be available. Short video clips may also be made available at the publisher's website where some authors introduce their books.

Besides English language teachers who teach ESL/EFL at secondary and primary schools, target readership of this series also includes trainee teachers on short and intensive training programmes. Preservice teachers who are studying for their MA in TESOL/ Applied Linguistics and Year 3/4 English majors who aspire to be English language teachers should find the series very useful as well.

This book 中学英语教师行动研究：测评与教学 illustrates the mutually beneficial interplay between teaching, learning, assessment, teacher action research and teacher professional development. It uses three studies funded by FAR (Fund for Assessment Research in Foreign Language Education) as examples to demonstrate the processes of teacher action research, and how teachers can use assessment data, especially data from diagnostic assessment of students' learning, to reflect on and improve their teaching and enhance their students' learning and their own professional development, by doing action research. In the final chapter of the book, the author provides further guidance on how UDig can be used as a diagnostic assessment tool, which was used by each of the three teams in their action research. We recommend strongly teachers read the other highly related books in the series, e.g., *Teachers into Researchers: A Practical Guide* by Richard Kiely, *Reflective Teaching* by Thomas Farrell, and 中小学英语教师语

言评价素养参考框架 by Lin Dunlai, to better understand the purposes and processes of diagnostic assessment in teacher action research, and to understand the relationships between teaching, learning, assessment, teacher action research and teacher professional development more broadly.

Peter Yongqi Gu and Guoxing Yu
Series Editors

前　言

近五年来，笔者在参与一些中小学英语骨干教师国培、省培、市培、区培、校培项目期间，发现英语教师对测评素养和行动研究的关注呈现出空前高涨的趋势：常常有受训教师自告奋勇把相关课题申报书、开题报告或论文拿出来请求点评，或与培训班中的同行讨论如何完善；还有许多英语名师工作室的主持人多次邀请笔者做关于研究方法的讲座，也有一些高校、教育局的科研或教研部门，以及省市立项课题的负责人时常邀请笔者参与课题开题会和结题会等。

英语教师近年来对测评素养的日益重视，源自国家和各级教育行政管理部门对教师专业化水平不断提出的更高要求。《普通高中英语课程标准》（2017 年版 2020 年修订）对英语教师提出了"教、学、评一体化"的最新要求，打破了传统上割裂分散的观念，新的课程标准鼓励教师利用测评工具反拨教学、促学促教。不少中小学教师做行动研究课题时，**思路上常有三个困惑**：如何确定课题的研究目的？如何设计课题的研究方案？如何推进课题实施的研究过程？

一些英语教学中急需解决的实际问题，如怎样提高学生的阅读、听力和写作微技能，怎样有效教授词汇或语法，怎样运用思维导图有效开展课堂教学，怎样在课堂上高效地组织导入活动，怎样在课堂上合理组织小组合作活动，怎样有效激发学生课外阅读兴趣等，其实是可以借助英语测评工具去开展行动研究，经过一段时间的循环对比最终找到答案的。

与此同时，笔者也注意到一线英语教师和一些英语教学方向的研究生，由于缺乏经验，虽然投入了大量时间和精力做课题研究，但最后结题时才遗憾地发现，前期研究时制订的课题研究目标不够明确，寻找的研究内容的理论依据不够充分，或者相关研究手段不太恰当，因此使得研究过程走了不少弯路。现将老师们存在的困惑归纳如下：

1. 不太清楚教师测评素养包含什么具体内容；

2. 不太明白提高教师测评素养对教学有哪些帮助；

3. 不太清楚开展行动研究的课题有哪些步骤；

4. 不太了解开展研究所依据的相关语言学、心理学、教学理论是什么；

......

显而易见，不少英语教师做行动研究的课题时，是非常希望手边能有几本参考书的，例如同行已完成的课题研究案例，或者是具体介绍和客观分析行动研究的课题，这或许能帮助他们更为深入地理解行动研究的核心概念和规范流程，引导他们少走弯路，减少时间和精力上的浪费，从而提高课题实施的有效性。

本书就是为了满足这些老师的愿望而作。中国基础教育外语测评研究基金由北京师范大学外国语言文学学院外语测试与评价研究所和外语教学与研究出版社联合发起，主要支持中小学英语教与学的评估、学生诊断测评、教师测评素养提升等研究方向，旨在推动解决基础教育英语教学与测评中的实际问题。本书内容就是对从基金第一期（2017—2019）已结项课题中选出的三个进行的深入分析。这三个课题分别由大学教师和中学英语教研员带领当地多所中学的高中英语教师在两年内完成，具有一定的人员代表性。参与课题的学校分布在重庆市、成都市、石家庄市和太原市等四座城市，具有一定的地域代表性。

本书的整体结构如下：

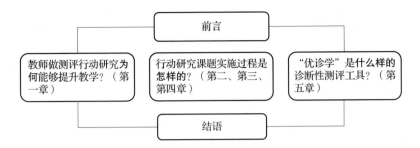

　　本书在撰写过程中，非常幸运地得到了各方人士的鼎力相助。在此，对他们的辛劳付出表达我诚挚的谢意和深深的感恩！他们是：

　　黄菊、周红、王学锋三位课题负责人及其课题组的老师们；

　　中国基础教育外语测评研究基金专家委员会的专家们；

　　外研社研发中心测评部和中国基础教育外语测评研究基金秘书处的工作人员；

　　PCK 英语教师专业素养丛书的两位主编；

　　书中所引用的众多学术专著和论文的作者们。

　　对于书中的不妥之处，欢迎读者指出。作者邮箱：zhuxiaoyan@m. scnu. edu. cn。

　　　　　　　　2020 年秋季作者定稿于广州华南师范大学

目　　录

第一章　重视教师测评素养，
促进英语教师专业发展

本章围绕英语教师与测评素养、教学与测评关系、开展测评相关课题研究的意义三个方面逐一展开，通过对国内外相关文献进行比较和梳理，提出本书的观点：提升英语教师测评素养能够促进英语教学水平和质量的提升。这体现在两个方面：有助于教师个体找到突破自身教学瓶颈的有效措施，以及进一步提升自身专业素养和学科素养。

1.1　英语教师与测评素养

为什么说提升英语教师测评素养能促进英语教学的开展呢？在回答这个问题之前，需要厘清英语教学的专业性和英语教师测评素养的内涵。

1.1.1　英语教学的专业性

英语教师在日常工作中开展着一系列专业行为，如熟悉课标、钻研教材、了解学生、撰写教案、组织课堂教学、指导和评价学生、反思教学成效等，这些行为体现了英语教学的专业性。2020年国家教育部颁布的《普通高中英语课程标准》（2017 年版 2020年修订，以下简称"新课标"），在第六部分"实施建议"的第 7条中指出要"**处理好教、学、评的关系，达到以评促教、以评促学的目的**"。

　　完整的教学活动包括教、学、评三个方面。"教"是教师把握英语学科核心素养的培养方向，通过有效组织和实施课内外教与学的活动，达成学科育人的目标；"学"是学生在教师的指导下，通过主动参与各种语言实践活动，将学科知识和技能转化为自身的学科核心素养；"评"是教师依据教学目标确定评价内容和评价标准，通过组织和引导学生完成以评价为目标导向的多种评价活动，以此监控学生的学习过程，检测教与学的效果，实现以评促学，以评促教。（教育部，2020：77）

实际上，在相同或者不同教龄阶段的英语教师当中，各自的"教、学、评"的专业行为通常都包含了高低、强弱、大小、级别不等的专业化程度或者专业化水平。因此，教师在教学工作中需要不断进行专业学习，才能够在提升自身专业素养的基础上提升自己的教学专业性（professionalism），这是一种具备一定质量或水准的教学。在这样的背景下，"教师发展"（teacher development）、"教师专业发展"（teacher professional development）、"教师教育"（teacher education）、"教师培训"（teacher training）、"教师专业化"（teacher professionalization）等术语不断出现，均突出显示了对教师职业所应具备的专业知识和技能在观念和行为等方面的不同要求。

我国学者刘润清 2001 年在为"剑桥英语教师丛书"（外语教学与研究出版社、人民教育出版社、剑桥大学出版社联合出版）而作的总序中，专门针对这些概念的内涵和差别做了清晰的对比：

　　training 一词更多是指技术、手艺上的培训，是培训教书工匠的……teacher education（师资教育）……是开设普通语言学、应用语言学、语言测试和评估、科研方法等课程，提高教师的理论意识，扩展他们的思维空间……teacher development（师资发展），更加强调在"教育"的基础上，鼓励老师去反思自己的教学，观察自己的课堂行为，评估自己的教学效果，开展"教学行为中的科研"（action research），也就是说，教给教师如何在教学实践中验证别人的发现，形成自己的信念，反思自我，使每一次决定都有根有据，每一个判断都有理论支持。（刘润清，2001：v-vi）

从中我们看到，"教师培训"侧重从外在的、居高临下的角度指导外语教师实际和具体的教学技艺；"教师教育"是从外在的理论课程安排层面去武装现代外语教师；只有"教师发展"是从内在层面关注教师个人视角与理论的联系，关注教师自身教学观念和行为的变化过程，以及最终形成自己特色观念和行为的结果。显然，"教师发展"代表了当前最新的理念，它没有从上至下、从外到内地强迫教师接受一些新的教学理念，而是鼓励教师从自己日常教学实践的视角出发，与相关理论进行互动，从而对自己原有的信念和行为进行反思，最终确立自己经过理论审视或个人主动微调的教学观念和行为。

对于教师发展的理念，陆续有一些学者（如李正栓和郝惠珍）指出其突出的特色：

……人们提出了"教师发展"（teacher development）概念，强调在"终身教育"的前提下，由教师主动地去发展自己。除了在传统的教师教育中充分发挥受教育者的主体性之外，还帮助教师去反思自己的教学，观察自己的课堂行为，评估自己的教学效果，开展教学行动研究（action research）……（李正栓等，2009：23）

对于"教师专业发展"内涵的界定，国际上有不同的表述，但基本上都是三个角度。比如，英国的合格教师专业标准涉及"专业价值和承诺""专业知识与理解""教育教学与实践"；美国爱达荷州教师专业标准是从"专业意识、专业知识、专业能力"等方面逐一界定教师应具备的十项素养；澳大利亚新南威尔士州、南澳大利亚州的教师专业标准是从"专业承诺、专业知识、专业实践"等方面分别界定教师应具备的素养（中小学教师专业发展标准及指导课题组，2019：3）。我国研究者则提出了结合中国特色的教师专业发展标准的指导思想：

> 教师专业发展的目的不仅仅是为了自己，而主要是为了学生，为了给国家和社会培养有用人才……终身学习是教师专业发展中最突出的特点。教师专业发展标准应该分阶段描述，体现不同阶段的不同要求……这样就构成三个过程，即"新手到熟练""熟练到成熟""成熟到卓越"。（中小学教师专业发展标准及指导课题组，2019：6—7）

我国也有一些学者提出了与教师发展相关的概念，比如教师专业化的概念。

> 教师专业化包含着职业群体和个体两个层次的意义。从职业群体的角度看，教师专业化是指教师在整个职业层面上逐渐达到专业标准的过程；从教师个体的角度看，教师专业化是指教师的内在专业精神、专业知识、专业能力不断更新、演进和丰富的过程。教师专业化不论从职业群体还是从个人发展层面，都不是一个一蹴而就的过程，而是一个长期的充满着困难和艰辛的过程，是一个持续不断的过程。（余文森等，2007：前言1）

可见，"教师专业发展"和"教师专业化"有着密切的关系。我们当前关注"教师发展"，是关注教师自身综合素养的终身学习，它具有自发、自主、反思的特点；"教师专业发展"是关注教师自身学习的内容，比如专业理念、专业知识、专业技能；"教师专业化"则是关注教师专业发展所要达到的结果。

英语教师在日常的教学活动中需要承担多重职责，即：**把握学科核心素养的培养方向，有效组织和实施课内外教与学的活动，指导学生主动参与语言实践活动，组织和引导学生**完成以评价目标为导向的多种**评价活动**。这些是对教师的职业或专业（professional）素养的规范要求，每一位英语教师都要应对艰巨的挑战才能达到胜任级的专业化水平。新课标提出了教师专业发展的明确方向：

> 教师要在教学中把教学和研究有机结合起来，以培养学生的英语学科核心素养为出发点，不断审视自己的教学观念和方法，**特别是通过合作开展行动研究，有目的地改进教学**，优化教学方式，提高教学效果。教师要在教学实践和反思的过程中，加深对教与学本质的理解和认识，不断更新教育观念，创新教学实践，实现个人专业化发展。（教育部，2020：80）

这里，新课标提倡英语教师要有"有目的地改进教学"的意识，以最终实现自己的专业化发展。这体现在三个方面：其一，"优化教学方式，提高教学效果"；其二，"教师要在教学实践和反思的过程中，加深对教与学本质的理解和认识"；其三，"不断更新教育观念，创新教学实践"。概而言之，教学发展是指教学方式的改进、教学效果的提升、教师反思意识的加强、教育观念的不断更新和教学实践的不断创新。

英语教学不同于其他学科的教学，具有自身的独特性。英国学者西蒙·博格（Simon Borg）在《外语教师的独有特征》中提出了"外语教学的内容和教学媒介都是外语"（2006）的观点。对此，我国学者邹为诚进一步解释道：

> 外语教师是教育领域中的一个较为特殊的职业。其他学科，如数学、物理、化学等，教师在教学开始之前，已经具备了教学工具，这个工具就是语言。而外语教师不同，语言不仅是他们的教学工具，也是他们的教学内容，并且他们要在学生没有工具的情况下传授语言。这个特点决定了外语教师不仅要有优秀的专业知识，还要有特殊的教学本领和职业技能，能够在传授语言知识的同时让学生获得这种语言工具。（邹为诚，2013：1）

可见，他强调了外语教师在教学中还面临着另外一个巨大的挑战，就是具备外语教学所需要的学科素养，包括语言知识、表达能力、跨文化知识，以及较强的思维能力，等等。外语教师的教学工具同时也是教学内容，这不仅对学习外语的学生提出了高要求，对教授外语的教师的学科素养也是十分严峻的考验。外语教师如果没有达标的外语学科知识、过硬的运用外语的能力，开展规范和高质量的外语教学活动无疑是天方夜谭、空中楼阁。因此，每位教师都要及时发现自己在学科素养方面还有哪些地方需要不断完善和充实。

> 外语学科的本质特性与实际生活密切相关；外语教学的内容和媒介都是外语，而且内容远远不止语言知识和四项语言技能，它还包括文化、交际技能和学习技能；教学方法的多样化和变化性；老师和学生的关系由于涉及个人层面的交际变得更加密切；本族语和外语使用者在跨文化方面的比较。（朱晓燕，2011：2）

显而易见，英语教师的"发展"不仅意味着教师的专业素养、学科素养的不断提升，也意味着学生因受教师的影响而得到发展。"教师要积极探索有效的教与学的方式，研究如何在教学中将语言知识转化为学生的语言运用能力，帮助学生正确理解和表达意义、意图、情感和态度，努力实践指向学科核心素养发展的英语学习活动观，实施深度教学，落实培养学生英语学科核心素养的目标。"（教育部，2020：52）

一言以蔽之，本书所说的"英语教学专业性"有两个方面的含义：一是指教学效果，体现于英语教师所教学生在身心方面获得发展，具体的表现是学生的英语学习兴趣或学习动机等心理特征以及学习质量或学习成绩有明显提高，精神面貌明显改观；二是指英语教师的专业素养（包括教学理论和实践两方面）比以往有明显增强，具体的表现是教师有意识和能力不断调整自己原有的教学观念和提高自身的教学技能。

1.1.2　英语教师测评素养

英语教师的测评素养，也称为教师语言评价素养（Teacher Assessment Literacy），它是英语教师专业能力的重要组成部分。当前，国内外语言教育界的共识是外语教师入职时必须在语言测试与评价方面具备基本的认知，并且能够恰当地使用评价技术，以便在教学中灵活有效地组织学生的自评与互评活动，使教学产生好的效果（Stiggins，1991；武尊民，2008、2019；朱晓燕，2017a；金艳，2018；林敦来等，2011；林敦来，2018、2019；Davison，2019；等等）。外语教师评价素养应该包含哪些要素的问题已经引起国内外众多学者的关注。

国际上较早注意到评价素养问题的是美国学者里克·斯蒂格金斯（Rick Stiggins），他于1991年提出的这个概念逐渐引起了广泛的关注。2014年，美国的《教育与心理测试标准》第七版首次对评价素养的定义做了论述。

> 关于良好的评价实践原则的知识，包括对术语的理解，对评价开发和运用的方法论、技术的理解，以及对评价实践质量评估标准的熟悉。（AERA，APA & NCME，2014：192，转引自林敦来，2019：11）

从中我们看到该定义强调教师对评价理论和知识的理解，以及对评价技术的理解和运用。显然，这个评价素养定义包含了教师对评价理论、知识和技术在实践中的综合运用。我国学者武尊民结合其几十年对测评理论和实践的研究成果，提出了以下类似的、具体的、表述上更易于教师理解的若干要素：

> 语言评价素养主要包括教师对测试构念、试卷效度与信度、考试反拨作用、考试结果分析与使用等测试概念的了解……语言评价素养关系到教师对考试与课堂测评的认识……外语教师日常课堂教学评价需要根据教学选择恰当的评价方式，除了与学业成绩检测相关的多种

　　　形式的考试以外，教师可采用课堂观察、小组活动、学
　　　生自评等更加丰富的测评方式，这些评价活动多数是与
　　　教学活动紧密相关的。课堂测评与校本考试同样需要教
　　　师具有高度的语言评价素养。（武尊民，2019：序）

　　由此可见，她所谈论的语言评价素养问题，着重强调的是外
语教师**既要掌握测评理论、测评知识和测评工具，也要具备结合实
际教学有机运用测试知识和技术的能力**。她进一步解释道：测试构
念是指制定考试内容所要依据的理论，比如语言能力的定义、语言
学习理论与教学理论、教育测量理论等。测试构念也关系到测试效
度，比如试卷结构设计、试题题型选择和评分标准的制定。试卷信
度可以确保测试构念得到充分体现。考试的反拨作用是指考试对课
堂教学乃至社会多方面利益相关者的影响，考试研发者和使用者应
该努力使考试产生正面、积极的反拨作用。对于教师而言，考试结
果的分析不仅涉及教育测量知识，而且包含教师由观察而来的主观
判断。考试结果的使用应该与考试目的一致，即与测试构念一致，
课堂考试结果的使用应该主要体现在教学反馈方面。

　　虽然教师评价素养的有关概念介绍到国内的时间比较短，但
还是有一些研究成果指出，提升教师测评素养最终的受益者是中
学的外语教学对象——学生。林敦来等（2017）围绕语言测评素
养的概念和内涵、外语测评的困惑与误区、测评素养的提升办法
三个板块展开研究，发现在发展教师测评素养的道路上，我国教
育界还有非常漫长的路要走：职前师范教育在测评课程开设、授
课师资储备、授课内容和质量等方面存在先天不足的地方。在职
教师开展的测评培训，除了讲授基本知识和概念以外，还要采用
基于课题或项目的培训模式，外语教师最好采用小组协作学习的
方式，如6名教学经验各异的教师组成团队，共同设计测评计划
并加以实施、讨论、反思、提升。校本测评计划也是提升教师测
评素养的重要途径，只有把测评与教学紧密结合，教师才能有收
获，因此，要加强教师对考试反拨作用的认识。

亓鲁霞（2006）的研究结果表明，虽然考试对教学的内容和方法有影响，但是教师自身的因素如学历、教学经验、教学理念对教学的影响更大。教师因素在教学中起着重要作用，而这其中教师对评价的理解和所使用的评估方法至关重要。考试的反拨作用体现在教学的各个环节和层面，如教学内容、教学方法等。

朱晓燕（2017b）认为教师语言评价素养包含教师对语言本质的认识，对语言课程的理解，对英语测试的整体认识，以及自己的操作技能。教师应熟悉英语课程标准及所在学段的目标要求，掌握教学内容和方法，了解学生的认知和心理特点，能够选择适合于教学目的的评价方法……能够根据测试结果有效调整教学。

金艳（2018）提出语言评价素养是一个多层面、多维度的概念，外语教师应根据评价活动类型有所侧重地发展评价素养。具体来说，外语教师不仅需要理解和使用大规模考试，开发和实施学业测试和课堂评价，而且要结合我国外语教育改革动态，不断提高评价的有效性，改进评价对教学的导向作用。

Davies（2008）从原则（principle）、知识（knowledge）和技能（skill）三个维度对语言评价素养做了简洁、清晰的界定。"原则"是指导考试开发和使用的理论基础和伦理道德，"知识"是支撑考试实践的语言能力和教育测量方面的知识体系，"技能"是考试设计、评分、数据分析和成绩报告等方面的实践能力。无论采用何种培训方式，也无论针对何种类型的评价活动，评价素养都需要在教学和评价实践中不断发展和提高，脱离实际运用的培训是不会产生良好效果的。从研究角度来看，评价素养并非一个"非有即无"的概念，而是一个循序渐进的连续体，可以分层次、分等级，形成一个有坡度的阶梯。因此，我们需要加强对语言评价素养连续体的研究，开发对评价技能掌握程度进行评价的工具，探索提高评价素养培训有效性的方法和途径。

林敦来（2018）提出教师具备良好的课堂评估素养是优秀教师区别于普通教师的特征之一。林敦来（2016）的调查显示，

34.5% 的中学英语教师未修读过语言测试课程，只有 31.4% 的教师参加过语言测试培训或听过语言测试相关的讲座。Stiggins（1999）认为教师学习时间的 65% 应分配给自学，25% 的时间应分配给小组学习，10% 的时间应分配给工作坊交流。他参考了一些学者的观点（Bachman et al.，1996，2010；Arter，2001），提出了几个有助于中国外语教师提升测评素养的方法，如：阅读专著、教科书或期刊论文，使用电子或网络资源；高校专家与一线教师协作，以传帮带模式建构教师学习小组；以及教师个体开展反思性的测评实践等。

从前面的文献梳理和实证研究（empirical research）的介绍中我们可以看到，教师的测评素养或语言评价素养所涉及的评价知识、技术和运用，显然都是在做与测评工具相关的课题过程中得到不断加强和丰富的，而教师测评素养的提升与教学效果的提高有着直接的关联。

1.1.3　专业素养与测评素养的关系

对于专业素养和测评素养这两个概念的内涵和关系，新课标在"教学建议"里有着明确指引，即"不断提高自身专业化水平，与课程改革同步发展"。这里的专业化水平表达了对英语教师**专业素养**的整体要求，同时也包含对教师**测评素养**的要求。相比较而言，专业素养是对教师职业的专业性的整体要求，测评素养是专业素养中的一个方面。

> 为实施好本课程标准提出的英语学科核心素养目标和教学要求，**教师要努力做到以下几点。**（1）**不断更新学科专业知识**，提高自身语言和文化素养……（2）**积累学科教学知识**，立足教学实效。（3）**加强实践与反思**，促进专业可持续发展……（4）**建设教学团队**，形成教研机制，开展教师间的合作与研究……（教育部，2020：79—80）

上述四个要求集中反映了英语教师专业素养的基本内涵：第

一条指向教师的学科能力（包括语言和文化素养），第二条指向教学能力（涉及教学过程的各项实践活动），第三条指向教师个人的反思能力，第四条指向教师之间的合作研究能力（后两条统称为教研能力）。换言之，英语教师的**学科能力**、**教学能力和教研能力**是英语教师**专业素养**的构成要素。能力（ability）与素养（competency）虽然名称上不同，但是内涵基本一致，均包含知识、技能和心理特征。下面我们逐一分析英语教师专业素养三个方面的内涵。

第一个方面，**学科能力**体现了某位教师个人的**学科素养**（subject matter competency），高中英语新课标对**英语教师个人**的学科素养列出了以下非常具体和含有达标性质的底线／基本要求：

> 本课程标准的实施要求教师不仅要有**扎实的英语语言基本功**，如良好的英语语感，系统的英语语音、语法、词汇、语篇和语用等知识，还要有较好的听、说、读、看、写等**综合语言运用能力**，丰富的**中外文化知识和国际视野**；教师能用**英语组织**和实施课堂教学，**阅读**专业文献，**参与**教学研讨与交流，并能伴随社会和语言的发展，不断**提升**个人的数字化和信息化的能力，努力更新自己的学科专业知识。（教育部，2020：79）

归纳起来说，这个**学科素养**的要求共有三个：第一个是**英语语言基本功**，包括对英语语音、语法、词汇、语篇和语用等语言知识的掌握，以及对英语听、说、读、看、写的综合运用能力；第二个是**中外文化知识**，体现了对教师国际视野和思维品质的要求；第三个是**用英语做专业事情**的能力，比如阅读专业文献、参与教学研讨、提升和更新自己的学科专业知识。只有具备学科素养这个前提，教师才算是打下了教书育人的职业基础。

第二个方面，**教学能力**体现在英语教师需要"积累**学科教学知识**，立足教学实效"。对此，新课标进一步阐释道：

　　教师要把握好**课程目标**，深入研读**教材**，挖掘课程的育人价值，客观分析**学情**，明确教学的**重点和难点**，确保教学目标定位准确。教师要深刻理解指向学科核心素养发展的英语学习活动观的意义，设计基于主题意义探究的、有针对性和内在关联的教学**活动**，创造性地选择教学手段和方法，合理使用现代教育技术，有效组织和**实施教学**，解决教学难点，落实教学重点，监控教学**过程**，评价教学**效果**，提高教学**质量**。(教育部，2020：79)

　　显然，**学科教学知识**贯穿于课堂教学前、教学中、教学后的完整过程，由四种**教学能力**作为具体体现。其一，**课程理解能力**，指"把握好课程目标和要求"；其二，**教材分析能力**，指"深入研读教材，挖掘课程的育人价值"；其三，**教学设计和实施能力**，指"客观分析学情，明确教学的重点和难点，确保教学目标定位准确"，以及设计活动、选择手段、组织实施教学、落实教学重点；其四，**教学评价能力**，指"监控教学过程，评价教学效果，提高教学质量"。第四点与测评素养密切相关，因其专业性强，现今相当多的英语教师在这方面还显得比较薄弱，造成的后果就是教学过程的监控、教学效果的评价、教学质量的提高都受到较大影响。目前急需从培养教师的测评素养入手来大力提升教师的教学评价能力，这已经逐渐引起越来越多的英语教师的重视。

　　第三个方面，**教研能力**是新课标对教师提出的一个新的要求，它指向教师教学研究能力的两个方面：一个是**教师个人反思教学**的能力，另外一个是与**同事合作**开展课题研究的能力。

　　教师要在教学中把**教学与研究**有机结合起来，以培养学生的英语学科核心素养为出发点，不断**审视自己的教学观念和方法**，特别是通过合作开展**行动研究**，有目的地改进教学，优化教学方式，提高教学效果。教师要在教学实践和反思的过程中，加深对教与学的本质的理解和认识，不断更新教育观念，创新教学实践，实现个人专业化发展……学科教研组要构建新型的**教师学习共**

同体……共同探讨、提炼和解决教学中遇到的问题，形成教师之间相互支持、互相学习和共同进步的专业发展机制。(教育部，2020：80)

概括而言，**英语教师专业素养**（professional competency）的整体构成要素有三个方面：第一是**丰富的学科素养**，包括英语语言知识、英语运用能力、中外文化知识、国际视野和思维能力；第二是**较强的学科教学能力**，包含课程理解能力、教材分析能力、教学设计和实施能力、教学评价能力；第三是**较强的教学研究能力**，包括个人教学反思能力和与同事合作研究的能力，体现了教师的精神追求。三者关系如图 1-1 所示。

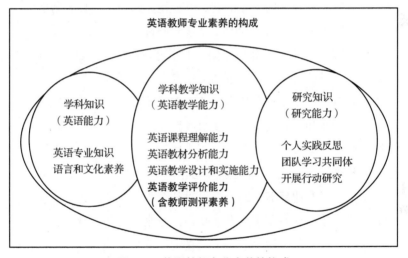

图 1-1　英语教师专业素养的构成

图 1-1 有助于我们厘清专业素养和测评素养两者既有区别又有关联的特点：**专业素养比测评素养的要求更高，涉及面更广，测评素养是专业素养的一个重要组成部分。**许多学者指出，教师专业化水平的提高是教师专业发展的标志。英语教师不只要关注自己的单一学科素养不断提升，更要重视整体专业素养的提升。学科能力、教学能力和评价能力构成了英语教师专业化水平的三个要素，它们之间具有不可分割的联系："**学科专业知识**"即学

科能力是专业素养的基础；"学科教学知识"即教学能力在整个专业素养中起到承上启下的中坚作用，也就是说，它能够把学科素养和研究能力有效应用于日常教学的阵地，如果缺少"学科教学知识"这个中间环节，教师的学科素养和研究能力就成了无源之水。

教师专业素养的第二个要素——教学能力（"学科教学知识"）包含了英语教师的课程理解能力、教材分析能力、教学设计和实施能力以及教学评价能力等四个方面。其中，本书关注的重点之一就是教师"教学评价能力"的提升，这不仅因为它是确保英语课程和教学目标得以高效实施的前提条件之一，而且它也是我国英语教师教学能力中很长时间内未能受到足够重视，因而相对比较薄弱的一项，最终导致不少英语教师的专业素养或者是专业化水平受到极大的影响。"教师职业专业化就是指它的不可替代性。正如医生和律师的工作是不可替代的一样，教师接受专门的、系统的专业知识和专业技能的教育，以便具有从事教育工作的技能。英语测试知识与技能是教师职业知识和技能的重要组成部分，英美发达国家把语言测试作为外语教育的一个主要课程，因为它从属于教师教育评价技能，在形成性评价和终结性评价过程中必不可少。"（武尊民，2008：vii）

本书对"专业素养"的定义是对某个职业领域的人士所应具备的实施该专业活动所要求的专业知识、专业能力和心理特征，换言之，就是对该职业全体专业人士的基本规范和全面要求，而"测评素养"则是从事该职业人士的能力中比较重要的一个组成部分。

1.2 英语教学与测评之间的关系

本节首先阐述测评的基本概念，然后介绍有关外语教学与测评方面的若干研究成果，最后对新中国成立以来英语教学和测评关系的相关研究进行一个基本梳理。

1.2.1　测评的定义和相关概念

"测评"起初是**测试（testing）**和**评价（assessment/evaluation）**的合称，先测后评，测试是手段，评价是目的，现在更多是用"语言评价"（assessment）来统称（林敦来，2019：8）。因此，我们需要了解测试和评价的内涵，以免在日常教学中混淆。

> 教师要有全面的教育教学评价知识，了解教育评价的多种方式。其中一个重要的评价方法就是考试。考试与教学是一枚硬币的两个面，这一点教师们是十分清楚的。不过，使用包括考试在内的多种评价手段进行形成性评价和终结性评价还需要认识和培训。（武尊民，2008：vii）
>
> 教学评价在广义上指的是分析评估数据，进而判断教学方案是否有效的过程。在使用评估这个概念时，往往涉及评估工具、技巧与过程。但人们常常交替使用这两个术语。依据评估数据，可以判断学生在学习过程中的进展。收集到足够的信息后，就开始评价评估数据。（龚亚夫等，2002：1）

美国教学与测评领域的著名学者安德鲁·D. 科恩（Andrew D. Cohen）在其专著《课堂语言能力评价》（2007）中提出，除了传统的考试、测验以外，还应该采用多样化的手段来评价学生的语言能力，评价学生语言能力应该有利于学生的学习。另一位在国际教学与测评领域享有较高声誉的新西兰学者彭尼·麦凯（Penny McKay）在其获得国际大奖的专著《儿童语言学习评价》中，反复提醒教师要清楚了解儿童身心发展的特点以及他们在语言学习过程中表现出的一般规律和发展特征，选择恰当的语言教学和测评方式，以利于成长中儿童的身心健康发展，积极促进儿童语言学习的质量。

Effective assessment procedures (which this book aims

to help teachers and assessors to produce) are assessments that have been designed to ensure, as far as possible, valid and fair information on the students' abilities and progress [...] Effective assessment gives educators feedback in the teaching and learning process, informing the next teaching decision and giving guidance on how students should be optimally placed, for example, in the next grade level [...] (朱晓燕，2012：18–19)

解读上面的表述后，我们知道**测试**可用作日常教学中**检查学生**的学习过程和效果的**一种**常见**教学手段**，比如填空练习、课堂提问、课堂听写、限时作文等。测试的实施可以在**完成**一节课或者一个单元的学习之后，或者是在**开始**讲授一节新课之前，以便教师及时了解学生对课程内容的掌握情况，进而对已准备好的教学内容进行及时的、有针对性的调整，对大部分学生掌握较好的内容可以略讲而不是详讲，对学生掌握得不太全面、不太扎实的内容就需要补充等。显然，**测试在日常教学活动中是一个具体操作和体现了下位属性的概念**，平时老师们所说的课堂小测、单元测验、周测、月测或者期中考试，都是指这个范围。

评价则是在讨论英语课程目标、课程内容、实施方式时必然提及的，因为它们共同构成完整的课程体系。显然，评价是用多种手段收集信息之后才去评估课程目标是否落实、课程内容是否得到体现、课程实施是否合理的**综合性手段**。落实课程具体教学内容的授课老师以及教学评价者都会使用多种手段，比如问卷、观察、作业分析、访谈、测试成绩、档案记录、学生反思记录等来做出一个综合性的评价，评价方式分为形成性评价（过程性）和终结性评价（结果式）。可见，**评价是教学活动中一个体现综合性手段和呈现了上位属性的概念**。平时老师们说的课堂形成性评价和学期终结性评价即在此范围。

新课标**"课程基本理念"**第四条提出，"完善英语课程评价体系，促进核心素养有效形成"。

> 普通高中英语课程应建立以学生为主体，促进学生
> 全面、健康而有个性地发展的课程评价体系。评价应聚焦
> 并促进学生英语学科核心素养的形成及发展，采用形成性
> 评价与终结性评价相结合的多元评价方式，重视评价的促
> 进作用，关注学生在英语学习过程中所表现出的情感、态
> 度和价值观等要素，引导学生学会监控和调整自己的英语
> 学习目标、学习方式和学习进程。(教育部，2020：3)

从"课程基本理念"第四条里，我们可以清晰地看到课程评价体系的构成：**课程目标**是促进学生全面、健康而有个性地发展；**课程内容**是促进学生英语学科核心素养的形成及发展；**评价手段**是采用形成性评价与终结性评价相结合的多元评价方式；**评价指标**是关注学生在英语学习过程中所表现出的情感、态度和价值观，引导学生学会监控和调整自己的英语学习目标、学习方式和学习进程。显而易见，评价是一个全方位、立体地对照课程目标和内容实施的综合性活动。

除了前面从日常教学的角度比较测试和评价的基本概念，我们还可以从研究的角度进一步理解**语言测试**概念的理论内涵。武尊民在《英语测试的理论与实践》这本书里提出：

> 英语测试 (English Language Testing) 是应用语言学的一个重要分支……英语测试研究关注语言能力的科学测量，也同时关注语言测试对语言教学与学习所造成的冲击作用……英语测试是个理论概念，包含测试理论，试题制作原则与方法，测试结果分析与解释等方面的内容。……"考试"与"测试"有所不同。"考试"是指在特定时间、针对特定考试应试者、根据特定程序进行的单一活动。(武尊民，2008：V)

从上面的清晰解释可知，我们使用"测试"这个概念要根据使用者的语境来判断其内涵：日常教学中所说的"测试"="考试"

这个具体活动；而在研究领域所说的"测试"则是一个理论概念，它是指用科学手段对语言能力进行测量，即包含以测试理论为指导的科学命题的原则和方法，以及结果分析等。因此，我们在使用"测试"这个术语的时候需要注意使用的语境。平时教学活动谈论的测试是指一个具体的考试，如课堂小测和单元测验。当我们在谈论试题制作时，其实是指运用科学的测试理论，包含专门的命题理念、知识和技术。

现在小结一下：评价和评估（可互换）在英语课程里是一个上位的综合性的概念，包含形成性评价和终结性评价（王少非，2013），评价要根据具体的目的，运用测试或非测试的手段收集多种系统信息，然后做出判断结论。测试在日常教学中与考试的内涵相同，非测试是指用问卷、观察、提问、作业等方式收集学生信息。测试按照不同目的可分为几种类型，如学业成绩测试、能力水平测试、分级水平测试和**诊断性测试**等。图 1-2 表示这些概念之间的关系。

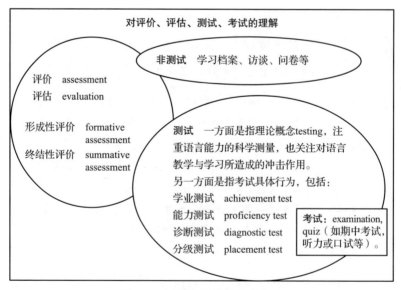

图 1-2　测试和评价的概念关系

从图 1-2 可见，评价或评估是一个整体性的概念，指的是用多种手段收集信息进行综合评价，收集信息的手段既有非测试性的（如学习档案、访谈和问卷等）也有测试性的（如各种不同目的的测试、考试行为）。学业测试如期终考试；能力测试指一个阶段学习之后的毕业水平考试，如小学毕业、初中毕业和高中毕业水平考试；诊断测试指了解学生学习困难，有针对性地开展后续教学等。本书第三章介绍的三个课题案例所做的基于"优诊学"测评工具的课题研究，就属于上面提到的诊断性测评，换言之，就是建立在"诊断性测试"的基础上进行的教学评价和对学生的学习评价。"英语诊断性测试用来测量学生语言或语言技能的优势和不足，直接与课程教学目标相关"（张春青，2014）。显然，教师对诊断性测试结果的评价有利于针对下一阶段的课程内容和教学方法做出合理计划，确保学生从教学中受益。

值得注意的是，在课堂教学实践中，教师使用紧密结合教学内容的各种小测验进行评价就带有**诊断性测评**的特性，如果平时小测的卷子不考查学生最近一段时间在课堂上学习的内容，而是使用整个中考、高考模拟试卷，这就不是有针对性地诊断学生的学习效果，其直接后果是学生无法体验从最近的学习中有所收获的喜悦，教师也无从制订有针对性地进行教学补救和改进的措施。可见，诊断性测试由于测试目的明确，其设计与评分不同于其他大规模的考试如高考，也不同于学生的达标考试如学业水平考试。Alderson（2005）提出，诊断性测评应该有多个角度，例如包含教师对学生的语言知识和语言技能的评价、学生的自我评价、教师对自己的教学评价等。诊断性测评应包含四个步骤：聆听和观察、初步评价、测试，以及改进决策。诊断性测评应与补救教学联系起来，因此，诊断性测评是启示教学的工具。

1.2.2　诊断性测评的研究成果

国内外中学外语教学文献中有不少涉及诊断性测评的案例研

究。比如，Brown（2004）给出了一个**语音教学**方面的例子。教师自己作为研究者，对学生的英语发音做了诊断性测试。具体方法是：让学生朗读一篇150词的短文并进行录音，教师按照教学要求对学生的语音语调打分，并分析和归纳学生在重音、节奏、语调、元音、辅音等五个方面的错误；然后，教师和学生一起重听录音，教师现场指导学生如何改进。

又如**把诊断信息与课堂教学结合**（Zoe，2011）的例子。某教师使用了由阅读、听力和写作三部分构成的英语测试，然后进行五个步骤的诊断：施测、评分、总结、计划，以及在课堂教学中执行诊断测试反馈如调整等。该教师通过分析发现，测试诊断结果与自己平时的印象相反。比如学生的阅读能力测试结果是很弱，于是教师意识到自己平时提供给学生的阅读材料太难，因此，他重新为学生选择阅读速度练习和阅读理解练习的材料以提高学生的阅读能力。同时，他删除了原来教学计划中高于学生当时能力阶段的一些阅读技巧的训练。这就把诊断性测评的反馈融入了课堂教学，使学生获得了益处。

还有在我国实施和完成的一项针对八年级学生英语水平诊断测试的引人注目的研究（武尊民等，2011），它是通过纸笔测验方式考查已完成八年级学习任务的学生，试题依据是课程标准四级所规定的教学目标，目的是检测八年级学生英语语言技能掌握及综合语言能力运用的表现，分析他们的学业发展以及课程教学情况；此外还开展问卷调查，分析与学生学业发展关系密切的各种相关因素。显然，这个基于指导我国部分地区初中英语教学目的的诊断性测评研究结果，可以向参测地区的教育管理部门、学校和教师反馈出不同层次的信息，有利于这些地区的教育行政管理部门和各类学校了解英语课程教学改革状况，开展科学的教育决策，进而改进当地的英语教学质量，提升教师与教研员的评价素养。

北师大外语测试与评价研究所和外研社共同开发的"优诊学"

在线英语诊断学习系统是帮助教师测试高中学生语言知识和语言技能的诊断测评工具，有利于教师解决英语教学中的问题。本书将在第五章对"优诊学"测评工具做详细介绍。本书介绍的三个开展测评研究的相关课题组，主要是参考诊断测评理论，以及相关语言教学理论和文献，根据具体研究目的系统收集诊断测评数据并进行分析，有针对性地调整课堂教学内容和方法，最后找到优化现有教学目标、教学内容，改善课堂教学方法，提高教学效果的途径。可见，这些基于"优诊学"测评工具开展的课题研究，是以语言测评理论和语言教学理论为指导的，旨在研究如何改善英语课堂教学质量。

最近两年，我国外语教学专业文献中涌现了一些有关诊断性测评的实证研究。《基于诊断测评提升高中生英语综合语言运用能力》（周红，2017），介绍了若干中学教师基于诊断测评工具——"优诊学"对学生的英语词汇和语法知识，以及阅读、听说、写作语言微技能进行测试后，发现了学生学习上的一些薄弱环节，然后在课堂教学中进行针对性指导，经过一段时间再诊断测试，学生原来的薄弱环节经过教师的课堂干预后有了明显提高。

《诊断性测评应用于高中英语写作教学促进教师测评素养发展》（黄菊等，2018），旨在探究将"优诊学"测评工具应用于高中英语写作教学后，教师教学策略的调整和测评素养的发展变化。在2017年秋季学期开始的"优诊学"写作教学的行动研究中，教师基于"优诊学"测评结果和一系列多元评价的反馈，发现写作教学的问题，确定学生的英语写作微技能弱项，有针对性地进行教学策略训练，记录学生在教学策略调整后的写作进步，然后不断反思教学并进行课堂干预，过一段时间再进行学生的写作微技能诊断测评，再调整教学，两年中循环反复多次。参与课题的教师从专业态度、知识和方法等方面提升了自身的测评素养。

《"诊—学—研—教"一体化模式下的教师测评素养提升——以高中英语写作课为例》（王学锋，2019b），根据教师们结合"优诊学"测评工具开展的课题研究结果，认为教师测评素养的提升和发展是优化课堂教学的关键。诊断性测评能帮助教师发现英语写作测评的相关维度、要求及学生的弱项。通过"诊断分析→学习提高→行动研究→教学实践"的一体化模式，学生从"无话可说"变得"有话可说"，对语篇的语言特征有所认识，丰富了写作话题的词汇积累，对主题也有了更加深刻的认识。该实证案例分析发现，通过"优诊学"的两次检测，课题老师能对自身的主观和客观因素进行全面思考，对学生的学习态度和学习策略进行教学反思，继而提出改进目标、改进方法和需要自身学习及提高的内容。

1.2.3　教学和测评关系的研究

新中国成立后，我国外语教学研究走过了 70 年的岁月，但是对**外语教学与测评之间关系的研究**却是在 2000 年后才逐渐引起重视的。有学者做了前 60 年的总结：

> 根据这 60 年外语教学理论研究所呈现的主要特点，我们大致可将其分为四个阶段：起步阶段（1949—1977）、引进阶段（1978—1987）、提高阶段（1988—1997）和发展创新阶段（1998—今）。在起步阶段（1949—1977），……外语教学理论研究主要与课堂教学相关，研究内容涉及语法教学、教学方法和教材建设等。在引进阶段（1978—1987），……这一时期的论著主要局限在引进、介绍和评述国外的外语教学理论和教学法方面……到了提高阶段（1988—1997），……外语教学理论的研究的内容更为广泛，涉及了外语教学方法、教学评估、专业建设、教学改革、学习策略、外语学习心理、语言测试和多媒体外语教学等多个方面……到了发展创新阶段（1998—今），……研究范围几乎延伸到与外语教学相关的各个领域和层面。（束定芳等，2009：3—4）

由此可见，我国 70 年来对外语教学和教学评估的**本土化研究**，真正开始是在 20 世纪 90 年代末期至本世纪初，至今将近 20 年，由于研究者主要是大学外语教师，因此大部分研究成果体现于高校领域。

语言教学与语言测试两者的关系密不可分，最主要的体现可以从**语言测试对教学的反拨作用**的相关研究中去寻找。"测试对教学的影响，它既有积极的影响，也有负面的影响。"（束定芳等，2009：98）对语言测试反拨作用的理论与实践进行研究的有杨惠中（《语言测试与语言教学》，1999），黄大勇、杨炳钧（《语言测试反拨效应研究概述》，2002），邹申（《语言教学大纲与语言测试的衔接——TEM8 的设计与实施》，2003），李绍山（《语言测试的反拨作用与语言测试设计》，2005），亓鲁霞（《论考试后效》，2006），陈晓扣（《论语言测试的反拨作用》，2007）等。这些学者对提高测试的积极反拨作用提出了许多建议。

除了理论方面的研究之外，我国也出现了对外语教学和外语测试紧密关系的实证研究，最早也是从研究大学的英语教学开始，如王炳炎、李绍山、张金度的《试论英语四级统测与教学的关系》（1998）探讨了英语统测与英语教学的紧密关系，阐述教学大纲、教学过程和测试三者之间的相互作用，认为大纲指引教学，测试反映教学是否有效落实或体现大纲要求，而测试反映出来的问题一方面可以为改进教学，另一方面也为修改大纲提供了依据。总体而言，我国关于外语教学与测试紧密联系的研究数量和成果不多，这里仅列举一些：

《如何运用测试确保教学大纲的实施》（华钧，1990）

《从 CET-4 作文阅卷看大学英语教学》（刘丰，1990）

《大学英语考试对教学反拨作用的调查和思考》（叶菊仙，1998）

《外语教学中的诊断测试》（杜金榜，1999）

《浅谈外语教学中的考试与评估》（耿爱庆，1999）

《英语专业四、八级测试对英语教学的互动与反拨作用——以理工类院校英语专业教学改革为例》（颜静兰等，2011）

......

这些语言教学与语言测试的实证研究基本上出现在高校，从中我们可以看出，从**20世纪90年代后期开始**，大学英语教学研究从教学实践中逐渐**认识到语言测试对教学所发挥的反拨作用**，不仅在于**监控教学过程和检查教学效果**，而且也可用于**判断外语教学大纲是否需要调整**。大学关于外语测评对外语教学具有积极反拨作用的研究成果，对中学的英语教学与测评研究同样有很大的启示。在专门研究**中小学基础英语教育**的专著《英语课程与教学研究（1979—2009)》中，主编刘学惠指出：

> 1979—1989年，国外英语教学流派的引入和我国英语教学基本问题的初步建构……1990—1999年，随交际性教学大纲及教材的首轮实施而引发的实践探索和理论争鸣……（20世纪）90年代后期"素质教育"的提出……2000—2009年，在21世纪之初全方位课程改革的影响下，追求工具性与人文性的统一，致力于从任务型、探究式学习到*形成性评价*等新理念、新方法的探索……（刘学惠，2016：2）

由此可见，自2000年始，中小学英语教学研究领域才逐步产生英语教学与测评结合方面的研究，与大学相比较而言起步相对迟了十多年。

对于第一个十年（1979—1989)，刘学惠认为这一时期的英语语言知识教学研究主要是对语音、词汇、语法知识作为英语教学的主要内容的"研究"，研究形式主要是体会漫谈、经验总结式的；英语语言技能教学研究"主要以经验总结和一般思考为主"（2016：6)；而在英语教学测试与评价研究上"很少有现代语言测试理论和现代教育评价思想指导下的测试、评价研究"（同上)。显然，当时语言教学与语言测试之间的关系还没有进入基础英语教育研究者的视野。

在第二个十年（1990—1999），"随着1992、1993年版体现交际思想的初中、高中英语教学大纲的颁布与实施，有关大纲所规定的教学目标实际达成情况如何，能否得到合理评价，成为关注焦点"（刘学惠，2016：12），有关研究如张献臣（1996）、雷卿（1998）。英语课堂教学研究主要致力于对交际法在课堂教学实践中应用的探究，这与当时（以人教版为代表）的新教材的五步教学程序（即"导入—介绍—操练—实践—巩固"）紧密联系在一起。对于课堂教学质量的评估标准研究，刘学惠（2016：12）认为较早的课堂评价维度主要是在"教"的方面——教学目标、教学内容、教学过程、教学效果等，而且以主观印象和判断打分者居多，较后期的课堂评估也关注对"学"的评估，而且开始注意基于客观记载的信息进行课堂评估打分（如于钢，1995）。显然，这时期新的高中和初中英语教学大纲开始把基础英语研究者的视线引向教学与测评。

在第三个十年（2000—2009），"2000年以后在新课标实施和新教材使用的过程中，涌现出大量关于英语课堂教学设计、有效教学策略以及相关教学评价的研究"（刘学惠，2016：20），比如郝建平（2006）、张金秀（2008）、林立（2009）。这一时期，关于课堂教学有效性及其评价的研究开始大量增多，对课堂的观察也更多的把收集课堂的多种证据作为评价课堂教学的重要前提，评价的角度也较之前更为全面（如陈洁倩，2005；甘凌等，2009）。不言而喻，从2000年开始，在基础英语教育研究领域，关于英语教学与测试和评价关系的研究，终于迎来了期待已久的春天。

为了进一步追踪最近十年（2009—2019）的研究成果，笔者在搜索中小学英语教学的杂志和书籍之后发现，这十年主要是在后期开始出现了少量的中学英语教学与测评关系的介绍性和初步探索的研究，如《诊断性测评——启示教学的工具》（张春青，

2014)、《英语课堂教学和过程评价的探索》（马燕，2014）。尤其是 2017 年，面向全国中小学英语教师的首届英语教学与测评学术研讨会在北京举行，主题为"回归教育本质：连接测评与教学"。研讨会围绕诊断测评的研究与实践、课堂评价与教师评价素养以及高中英语教学改革与评价等议题展开，此后又连续召开了两年。其产生的蝴蝶效应使越来越多的中小学英语教学与测评研究方面的成果开始逐渐聚焦在"诊断性测评"和"形成性评价"方面，有关成果如：

《促进学习的英语课堂评价》（罗少茜等，2017）

《聚焦阅读测试改革，改进阅读课堂教学》（葛炳芳，2017）

《从 2017 年全国高考听力理解试题看高中英语听说教学》（陈新忠，2017a）

《英语课堂教学中的"教—学—评"一致性》（陈新忠，2017b）

《中小学英语教师课堂评价的胜任力及其表现特征》（吕生禄，2018）

《基于诊断测评提升高中生英语综合语言运用能力》（周红，2017）

《诊断性测评应用于高中英语写作教学，促进教师测评素养发展》（黄菊等，2018）

《基于诊断性测评提升高中生英语写作语篇衔接能力的案例研究》（黄菊等，2019a）

《运用过程性评价培养学生英语学科核心素养的案例研究》（张艳萍，2019）

《听力测评反拨下的听力教学实践路径探究》（卞金华，2019）

《利用诊断性评价改进高中英语教学》（陈新忠等，2019）

《"诊—学—研—教"一体化模式下的教师测评素养提升——以高中英语写作课为例》（王学锋，2019b）

……

通过文献梳理，我们可以看到中小学英语教学与测试关系的研究，总体上虽然起步比大学要晚，但是自 2017 年以来发展势头比较迅猛，有越来越多的中小学英语教师开始关注教学与测评方面的研究成果。他们出席测评相关会议，阅读测评相关文章，参与在职培训，而他们的研究也更多地**侧重于诊断性测评和测评对教学的反拨作用**。可见，英语教师评价素养的日益提升，将促使英语测评对英语教学的反拨作用逐渐发挥出来。

1.3 开展测评内容的课题研究

本节首先介绍三个基于诊断性测评工具开展行动研究的课题，然后阐述英语教师开展测评相关课题研究的实践价值和理论意义，最后展望未来中小学英语教师开展测评相关课题研究的前景。

1.3.1 三个测评内容的行动研究课题

打开中小学外语专业杂志如《中小学外语教学》《基础外语教育》《英语学习》（教师版），我们时常会看到一些**行动研究课题**，围绕阅读、听说、写作、语法、词汇、语音等方面研究相关教学方法、教学内容，或指导学生的学习方法等，还有一些是关于教师发展的。这些研究虽然数量不多，但弥足珍贵。例如：

《利用课堂录音和学生反馈提高教师的**课堂话语**质量》（陈慧钰，2010）

《基于课例反思提升英语实习教师**授课能力**的行动研究》（孙勇，2015）

《"经典**英文演讲**欣赏"校本课程的行动研究》（仝亚军，2015）

《小组合作在小学生英语**阅读教学**中应用的行动研究》（卞晓

明等，2016）

《提高初中生英语**听力水平**的行动研究》（熊学勤，2018）

《基于思维导图的高中英语**词汇教学**的行动研究》（李楚珍，2018）

……

由上可见，我国中小学范围的行动研究的选题，都是通过行动研究的方法找到有效策略或措施，以解决教师自己发现的存在于教学中的问题。相对而言，结合测评相关理论或者基于测评工具而开展的**行动研究课题数量偏少**，因为这类课题难度略大，需体现四个特点：**第一，体现英语课程标准的理念**，如目标（核心素养）、课程内容（主题语境、语篇类型、语言知识、文化知识、语言技能、学习策略）、教学方法等；**第二，参照语言或教育的相关理论**，如语言学理论、二语习得理论、心理学理论、教育学理论以及教育科学研究方法等；**第三，借鉴有关测评方面的理论、知识、技能**，如诊断性测评理论、评价基本理念或原则、评价知识或手段等；**第四，采用比较适合教师使用的行动研究方法。**

可喜的是，在最近几年时间里出现了若干篇体现诊断性测评理论和工具的课题方面的行动研究报告（周红，2017；黄菊等，2018；王学锋，2019b；等等），我国一些地区的高中英语教师也位列作者之中。这些高中教师于学期开始、中间和后期的不同阶段，应用诊断性测评工具——"优诊学"平台，在进行多次的数据收集和分析之后，不断调整原先的教学策略，最后都取得了明显的教学效果。

本书所分析的三个课题组的资料出自 2019 年 4 月在北京举办的第三届英语教学与测评学术研讨会，由三位课题组负责人的课题汇报资料整理而成。这三个课题研究的共同特点是：

第一，教师先用"优诊学"这一测评工具诊断学生的语言微技能（如阅读微技能、听力微技能、写作微技能等）存在哪些问题，之后教师结合文献对原先的课堂教学策略进行调整和干预；

第二，经过一段时间后教师指导学生进行第二次"优诊学"检测，看看哪里有提高以及提高的幅度有多少，教师继续进行教学策略的第二次调整；

第三，再过一段时间之后教师对学生进行第三次"优诊学"检测，看看教学效果如何，把结果与前面两次对比。这样，在两年时间内学生进行了若干次测试，教师根据测试结果不断反思和调整自己的教学观念和行为；

第四，通过比较和分析，教师最终找到了有效提高学生英语微技能的教学策略，帮助学生提高了英语学习的兴趣和成绩。这就是基于"优诊学"诊断测评工具所开展的诊断测评课题研究，对他们各自学校英语教学的开展带来了直接和积极的影响。

下面对这三个课题的基本内容进行概要性介绍，本书第三章将详细分析这三个课题下面的一些子课题内容。

1.3.1.1　黄菊老师课题：基于"优诊学"的诊断性测评在高中英语写作教学中的应用

表 1–1　黄菊课题组研究概要

课题组介绍	主持人：黄菊，西南大学外国语学院副教授 成员：西南大学附属中学彭静老师、袁霜霜老师、范可星老师、叶雯琳老师，成都石室中学邱祥迪老师，成都八中钟霞老师，重庆南开中学熊玮玮老师，河南安阳市实验中学杨航老师，福建晋江市第一中学林惠美老师，西南大学外语系杨晓钰教授
发现问题	1. 写作成绩的测验结果不佳。观察发现，学生在写作时容易陷入要点式作文逐句翻译的误区，缺乏要点间逻辑衔接的意识，不知道"为何写"；学生在使用语言的过程中，会有意识使用所谓高级词汇、句型，但是会忽视使用的恰当性以及为何使用、如何使用，写作方法的知识尚为空白。 2. 观察发现，学生在写作中暴露出结构和语言上存在严重问题。篇章整体意识较弱，不清楚各要点之间的逻辑链关系……对相应的逻辑衔接的语法手段、词汇手段掌握甚少。

阅读文献	1. 测评素养（language assessment literacy）的学习，包括原则、知识、技能等维度（Davies，2008）；测评素养包含对测试理论的掌握，对教学评价知识的理解和对评价实践能力的运用（武尊民，2011）。 2. 领会《普通高中英语课程标准（2017 年版）》强调的要处理好教、学、评关系的含义。 3. 学习英语写作相关篇章知识，为开展写作教学的研究设计找到相关指导依据。
研究方案 （核心概念、 研究目的、 研究方法）	1. 明确测评素养的核心概念，包括语言观、教育观、学生观下根据教学目标确定评价内容的能力，选择适当评价内容，解读数据和根据数据调整教学的能力。 2. 研究目的是利用诊断性测评手段，研究高中英语写作教学新思路。 3. 研究方法采用的是**行动研究方法**，在两年时间内，运用问卷调查、教师访谈、课堂观察、文本分析、"优诊学"诊断测评等手段收集三轮数据，对课题组的几位教师分别进行四次访谈，收集五次"优诊学"测试的数据、三篇教师反思、三次学生写作作业、两个教案等，不断调整高中写作教学内容和方法，帮助学生提高写作能力。
解决措施	1. 指导学生拓展阅读文本和扩大词汇量； 2. 课堂上完善语法知识、修辞方法的教学，引导学生运用到写作中； 3. 融合阅读、写作为一体； 4. 写作教学方法突出五个重点； 5. 教师提供作文框架作为提示； 6. 增加学生组内讨论与合作。
教学效果	1. 课题组老师通过"优诊学"对学生写作微技能的测评，发现学生语篇衔接写作微技能的弱项后，与课题组专家保持交流，参加公开课探讨，课题组老师将文本语言特点和语篇衔接连贯作为写作教学重点，并融入读写课等其他课型。通过"优诊学"测评工具三次检测发现，学生写作微技能和成绩明显提高。 2. 课题组老师了解写作评价方法、掌握写作评分技能、关注评价效度、解读与运用评价结果，她们自身的写作评价素养均有提升。

图 1-3　黄菊课题组结题证书

1.3.1.2　周红老师课题：诊断性测评用于培养高中生英语综合语言运用能力的行动研究

表 1-2　周红课题组研究概要

课题组介绍	主持人：周红，河北省石家庄市教育科学研究所高中英语教研员 成员：石家庄二中孟建芳老师、张英伟老师，石家庄二中实验学校施东梅老师、姜霞老师、吕颖老师，石家庄十五中王海平老师、钱迎迎老师、张君赞老师、李莉老师，石家庄四十二中张彦芳老师、许琳老师、许娜老师
发现问题	学生在英语听说读写技能上存在以下问题：在阅读方面，词汇匮乏、阅读量有限、阅读材料单一、逻辑意识缺乏；在听力方面，听时比较紧张，对听力材料不感兴趣，缺乏听力技能训练，抓不住关键词，觉得语速太快；在词汇和语法教学方面，比较偏重应试，以考试为教学核心。
研究方案 （核心概念、研究目的、研究方法）	1. 理解教学评价是英语课程的重要组成部分，目的是促进英语学习，改善英语教学，完善课程设计，监控学业质量；能使教师获得英语教学的反馈信息，对自己的教学行为进行反思和调整，不断提高教育教学水平。 2. 研究目的是基于"优诊学"测评工具，尝试建立英语语言知识和技能的教学新模式。 3. 研究方法以**行动研究为路径**，对四所学校分别安排高中阅读、听力、词汇和语法、写作教学模式研究。在两年多的时间里，课题组进行了多次课堂观察，对学生进行了多达七次的"优诊学"诊断测评。"学习共同体"定期学习教学理论，写出读书心得和反思记录，将新的思路融入教学实践中；定期进行课堂实录，通过自我观察、同伴评课不断发现问题，调整教师自身的英语教学理念和教学方法。

续表

解决措施	1. 通过"优诊学"的精准把脉，教师能够依据测评结果做出及时有效、有的放矢的课堂"补救教学"，如注重了衔接连贯、识别语篇衔接连贯的教学活动，使学生在文章衔接方面有了一些进步。 2. 教师说课之后听取专家教授的点评，专家认为设计的教学目标应该更简单明了，不要太繁杂。 3. 教师在语法课堂上呈现更多相关情景，让学生探究发现，归纳总结，操练巩固，并灵活运用语言习得规律来学习。语法教学渗透在平时教学的各个环节，不仅仅是阅读中，也渗透到听力、口语、阅读、书面表达等环节中。
教学效果	1. 近年来，石家庄市高中英语教学与质量检测得到各方一致好评。 2. 课题实验班的学生在高考中取得了优异的成绩。

图 1-4　周红课题组结题证书

1.3.1.3　王学锋老师课题：基于"优诊学"的高中英语教师英语写作测评素养发展与提升研究

表 1-3　王学锋课题组研究概要

课题组介绍	主持人：王学锋，太原师范学院外语系教授 成员：太原市育英中学范鑫老师、曹若木老师，太原五中张旭军老师、王轶芳老师，太原五十三中张向华老师、梁美婷老师，太原五十六中辛志波老师、张爱萍老师，以及太原市教研员孙静老师、郭砚冰老师，太原师范学院刘荣老师、薛丽锋老师

续表

发现问题	1. 大多数学生不重视日常的语言积累，对写作的热情较低。部分学生消极应对，没有养成学习英语的好习惯，缺乏思考的主动性。大多数同学在写作中，基本的词汇和语法都不能准确使用，更谈不上篇章和语篇的层次，大多数达不到课标要求。 2. 高中英语写作的评价方式主要是：教师全批全改，然后课堂上讲评。大部分教师采取的评价模式是：评价＝纠错＋分数＋评语，讲评＝归纳错误＋展示佳文。这样的评价方式过于注重分数。
阅读文献	1.《普通高中英语课程标准（2017 年版）》"评价建议"。应以形成性评价为主并辅以终结性评价，定量评价与定性评价相结合，注重评价主体的多元化、评价形式的多样化、评价内容的全面性和评价目标多维化。 2. 诊断性测评理论。诊断性测评也叫教学测评或者前置测评，通常用在教学活动之前，以学生的知识程度、专业技能等为对象进行评价，以此了解学生的实际水平及准备情况，进而判断学生对于新教学目标的满足情况，为教学决策提供依据。 3. 高考写作评分标准。高考评分标准有五档，每档包含六个要点，主要是指向内容要点覆盖、语法结构和词汇的多样化、语句间的连接成分有效使用。 4. 行动研究方法。目的是改进自己的教学实践，使教学达到最佳的期望和效果，同时提高行动研究者自身对教育教学过程的理解和认识。
研究方案 （核心概念、 研究目的、 研究方法）	1. 在研究视角上将高中英语写作课堂与诊断性测评以及行动研究有机结合。诊断性语言评测是教师课堂教学的重要组成部分。 2. 研究目的是提升和发展高中英语教师英语写作测评素养；高中英语教师与高校专家、教研员建立学习共同体，提高教师英语写作测评的理论知识水平、科研能力和课堂实践能力。 3. 研究方法是行动研究方法。通过采用"诊断分析→学习提高→行动研究→教学实践"的模式，实现高中英语教师英语写作测评素养的提升和发展。对 4 所学校 8 名高中英语教师所负责的 16 个高中班 800 名学生的英语写作进行阶段性诊断测评，对其结果进行定性和定量分析。通过行动研究对学生的测评弱项进行有针对性的教学调整，提高学生的英语写作能力。

续表

解决措施	1. 转变理科生"重理轻文"的态度，提高学生学习英语的兴趣。努力将阅读变成"悦读"，将写作变成"悦写"。 2. 增加日常练习中阅读和写作的比重。 3. 指导学生增加英语阅读量，避免输入的不足导致语言输出的贫乏、单调和言之无物，防止阅读不足影响到学生对于语篇特征的识别。
教学效果	1. 提高了课题校高中学生的英语写作水平。 2. 开展了基于测评素养的高中英语写作教学形成性评价课堂实践并取得成效。

图 1-5　王学锋课题组结题证书

1.3.2　测评课题促进英语教师专业发展

上述三个课题组的研究案例都表现出以下特点。

一、三个课题组都以"优诊学"平台作为测评工具，首先诊断学生在语言知识和语言微技能方面的薄弱项目，然后有针对性地开展以解决问题为目标的高中英语教学研究。

二、三个课题组都采取了行动研究课题方法，通过"优诊学"测评工具，首先诊断学生语言微技能上存在的薄弱环节，然后阅读相关文献，制订教学上的干预性措施，再经过若干阶段收集数据（测试、观察、访谈、问卷等）和分析数据，进一步有针对性地调整教学，继而使用测评工具再次检查教学效果。

　　三、课题组教师在利用测评工具进行精准施教和课题研究的过程中，不仅引导学生提升了英语学习兴趣和学习成绩，自身也在英语语言知识、课程知识、研究能力、测评素养等方面获得明显的专业发展。

　　这三个测评研究的课题组在 2019 年 4 月于北京召开的第三届英语教学与测评学术研讨会上的发言资料，对教师专业发展的概括如表 1-4 所示。

表 1-4　三个测评相关课题对教师发展带来的主要影响

黄菊课题组的研究结果	课题组教师在了解写作评价方法、掌握写作评分技能、关注评价效度、解读与运用评价结果方面，自身的**写作评价素养**均有发展。
周红课题组的研究结果	1. 课题组教师逐步由"重教重考"的普通老师成长为关注学情、调整教学、以诊促教的"明师"。 2. 各种专题的课题研究不仅提高了课题组教师自身测评素养，同时通过诊断反馈，将测评理念落实到课堂教学的改进中，实现了教学相长。 3. 以课题研究为契机，研究团队学习测评理论，改进教学策略，推进区域教研进程，提升了**教师英语教育、教学、测评素养**。
王学锋课题组的研究结果	发现了提高课题组教师英语**写作教学能力及测评素养**的有效途径。

　　表 1-4 归纳了这三个课题组的教师自己反思、总结的收获，她们在大会发言里表达的共同之处就是获得了整体的专业发展。在课题组主持人带领下，课题组教师在前后两年左右的课题研究过程中，经过较长时间系统地收集和分析对比"优诊学"诊断测评数据，不仅通过调整教学策略引导学生取得了优良成绩，而且发现自己在英语学科知识、英语教学能力、课题研究能力和教师测评素养等方面，也获得了不同程度的明显提升。显然，课题组教师专业发展的过程、内容和结果是经历了前后变化的。正如国际著名教育专家威廉·维尔斯曼（William Wiersma）所言：

　　　　许多领域的进步都应归功于研究。对于研究活动，
人们寄予这样一种内在期望：研究预示着改进。（维尔斯
曼，1997：1）

　　课题组教师正是通过参与课题研究，提高了自身专业素养
（对课程更为正确的把握、对教材更为深入的分析、对教学活动更
为细致的设计和实施、对教学更为全面的评价）和学科素养（对
英语词汇、语法、语音、阅读、听说、写作等语言知识和语言能
力的运用更为精准），提升了自身以往薄弱的一些能力如测评能
力等，也促进了学生学习动机的提升和成绩的提高，这就是课题
研究给外语教学带来的促进作用。（王蔷，2002；吴旭东，2006；
文秋芳等，2011；朱晓燕，2013）

1.3.3　对三个测评课题组的评价和建议

　　这三个课题都是中国基础教育外语测评研究基金第一期立项
并已经顺利结题的研究项目。它们带给其他教师同行哪些经验和
借鉴呢？本书总结他们成功结题的经验有以下三点。

　　首先，**严格的课题管理模式**。三个课题组的主持人在课题申
报、开题到实施、结题的过程中，自始至终保持高度认真和负责任
的精神，组内成员分工明确，布置任务具体，时间节点计划清晰，
并且定期检查落实情况，发现问题及时处理，从而确保各自课题
能够严格按照**行动研究方法**的规范流程逐一展开。

　　其次，**严谨的课题研究和学习态度**。三个课题组的教师都抱
着严肃的态度参与每次的课题集中交流活动（他们称为"学习共
同体"活动），将线下个人阅读和线上集体讨论结合，自觉学习
相关"英语学科知识和学科教学知识"（如英语语篇知识、英语阅
读和写作教学法的知识），以及"行动研究方法"和"诊断性测
评"的相关理论。在认真阅读这些相关文献的基础上，他们努力
明晰相关概念的内涵，明确具体的研究目的、研究内容和研究方
法，从而指导研究过程，避免随意性和盲目性。他们定期读书交

流、听课评课、分析数据，反思讨论如何调整教学策略，分析不同时期收集的诊断测评报告等。

最后，**严肃的课题研究过程**。三个课题组的主持人及其他成员严肃对待课题实施过程中划分的**五个阶段**，在每个阶段都收集相关数据进行分析，以反思和调整自己的教学策略，解决自身教学中的实际问题：

（1）调查和收集"优诊学"平台的测评诊断初始数据；

（2）分析首次数据后制订教学干预的实施方案；

（3）过一段时间再收集测评诊断的第二次数据进行分析研究，反思调整教学方案；

（4）再过一段时间后收集第三次测评诊断的数据，分析教学结果；

（5）最后比较分析两个或三个阶段的数据，得出研究结论。

以上三点是三个测评课题组的经验总结，值得与广大中学教师同行分享。下面对今后开展诊断测评的行动研究课题提出四个方面的建议，希望其他课题组在借鉴第一期成功结题项目的经验的同时，可以进一步考虑在以下四个方面有所突破。

第一，选题内容方面更为拓展

未来项目除了可以继续围绕高中英语阅读、听说、写作、语法、词汇教学内容或教学方法等方面选择诊断性测评课题之外，也可以拓展对形成性评价、终结性评价的研究等；建议结合新课标的一些新理念，比如核心素养四要素、课程六要素整合、三层次学习活动观，具体而言，如何使主题意义、语境教学、语篇教学、思维品质、语言能力、文化意识等在某一种课型中凸显；还可以研究外语教师一些常见的教学观念和教学行为发生了哪些变化；也可以研究外语教学评价方法和手段的有效使用等问题。

第二，理论依据方面更有新意

除了继续参考已有的语言教学相关理论如支架理论、合作学习理论、任务型教学理论之外，未来项目还可以结合新近出现的语篇理论、语境观点，或者思维导图工具等进行研究，从更新的语言学、心理学、教育学、社会学等理论视角去分析和研究外语教学中出现的各种新问题。

第三，行动研究的数据收集更为丰富

除了继续使用行动研究方法里常用的问卷调查、访谈和观察、测试等手段之外，还可以采用一些更为丰富的数据收集和数据分析手段，比如增加教师反思内容的前后对比，有文字或者数字数据的三角印证，增加各种数据收集的多样性，以及使用文本分析、语料库等工具手段。

第四，研究对象方面可以多些变化

除了继续研究外语教学的一些方法之外，未来课题还可以：（1）研究不同程度的学生、不同地区的学生、不同特点的学生，或者是不同教龄的教师、不同学科背景的教师等；（2）选择研究不同的教材内容，如不同体裁的语篇特点等；（3）选择研究不同课型的教学模式、课堂教师话语、不同课型作业布置与作业批改等。研究的角度可以从不同层次学生的视角、不同教龄教师的视角或研究者的视角展开等。

总而言之，外语教师做行动研究的目的，主要是为了解决自己教学中发现的困惑或纠结的问题，比如不知所措、不知如何着手等。测评内容对教学有极大的反拨作用，教师利用各种测评工具，及时发现学生在学习中遇到的困难，通过理论学习和结合相关测评数据，反思调整自己原先的教学策略，不断摸索，找到提高教学效果的策略和途径，最终才能解决问题，帮助学生提高成绩，同时增进教师自身对外语教学过程的认识，提高自己的教学专业化水平。

第二章 解决教学困惑的有效途径：
行动研究课题

本章围绕三个方面展开：首先介绍"行动研究课题"的基本概念和特点；其次列举教师在英语教学过程中常常遇到的一些教学观念上的困惑或教学行为中的纠结问题；最后，从解决问题的角度，提供结合测评内容实施行动研究课题的四个环节。

2.1 行动研究的基本概念

本小节介绍"行动研究课题"的概念和特点，以便老师们更为清楚地了解它的定义、内涵和特征。

2.1.1 行动研究课题

有些老师不太清楚"行动研究课题"的基本内涵。曾经有一些英语教师来参加省市骨干教师培训时，举着手里的课题申报书说"我们已经开始做研究了，我们早就行动了"，这显然是望文生义，从字面上误解了"行动研究"的概念。其实，在学校教育研究领域里，"行动研究"是指教师结合自己日常教学所开展的一项小规模（如一个班）的教学研究的方法，目的在于**找到**一些有效策略以解决日常教学中所发现的问题或困惑。

因此，"行动研究课题"的目的是为了"找到有效策略"，它不同于其他课题研究的目的，如"调查研究"的目的只是为了初步了解情况，"实验研究"（experimental research）的目的是为了证实某一种假设（比如 A 方法 / 教材比 B 方法 / 教材效果好），"案例研究"的目的是为了深入了解情况，"评价研究"是为了全面了解教学效果。显然，研究目的不同，人们选择的研究方法也就不同，如同人们出于不同的娱乐目的（如探险、破案、开心等）会选择观看不同类型的电影一样。

在实际教学研究中，教师经常听到"调查研究""实验研究""案例研究"和"行动研究"这些术语，其实它们是指**为了不同研究目的而开展的不同课题的研究方法**。教师做研究有各种不同的目的，选择的研究方法也就相应不同，现归纳如表 2-1 所示。

表 2-1　不同研究目的对应的不同研究方法

研究方法	研究目的	收集研究数据的手段
行动研究	为了**寻找**有效教学策略，不断改进自己的教学	测试、问卷、访谈、课堂观察、作业或教案文本分析、某种教学干预手段
调查研究	为了**了解**某个现象的情况，如态度	测试、问卷、访谈、课堂观察、作业或教案文本分析
个案研究	为了**深入了解**某个事情的原因或者过程	测试、问卷、访谈、课堂观察、作业或教案文本分析
实验研究	为了**验证**某种假设，采用某种教学干预手段，然后在实验班和控制班进行成绩对比	某种教学干预手段
评价研究	为了**全面检查**教学效果	测试、问卷、访谈、课堂观察、作业或教案文本分析

"行动研究课题"是在一段相当长的时间内，经过至少三个阶段的反复摸索，最终找到有效教学途径。这三个阶段如下。

阶段一：收集数据 1，分析数据 1，调整教学 1；

阶段二：收集数据 2，分析数据 2，调整教学 2；

阶段三：收集数据 3，分析数据 3，调整教学 3。

在"行动研究课题"开展的过程中，收集的数据相对比较全面，可以包括测试、学生问卷、学生或教师访谈、课堂观察、学生作业或教师教案的文本分析，在课题进行过程中实施某些教学手段的干预，具体到某个研究课题上，可能会使用上述数据的一两项或者若干项。

"调查研究课题"所使用的方法相对少一些，包括问卷、访谈、课堂观察、作业或教案文本分析和测试里面任何一种或者几种。

"个案研究课题"则是以某类／个学生、某类／个老师、某种教材等为研究对象，进行一段时间的深入调查研究，收集数据的方法可以多种多样。如果增加了几个阶段的干预性措施，那就是行动研究课题；如果没有增加任何干预性措施，这就纯粹是一个深入的调查研究。

"实验研究课题"指的是运用实验方法（利用随机取样的方法将学生分为控制组和对照组），利用某些教学手段只是干预某一段时间，进行前测和后测成绩对比，从而验证某种假设（如某种方法、某种教材比另外一种要好）。

"评价研究课题"是指运用测评、课堂观察、问卷、访谈、作业和教案文本分析等方法，全面了解评价对象的情况之后，做出一个综合评价。

由上可见，收集研究数据的手段在很多研究方法中都会选用，例如"测试、问卷、访谈、课堂观察、作业或教案文本分析"。虽然"某种教学干预手段"在行动研究课题和实验研究课题中都会使用，但两者研究对象不同：前者是自己班前期与后期纵向对比；后者是实验班与控制班的横向对比。有一些老师常常混淆了两者的区别。

需要注意的是，其他实验研究、问卷调查在时间上可以是跨度几周或者一次性完成的，但行动研究（包含测试、访谈、课堂观察、某种教学干预手段的运用）需要的时间通常比较长，往往跨越半年、一年，甚至两年，一般都要经历三个阶段的数据收集，以便对前后数据做出分析比较。换言之，开展行动研究课题通常需要几个阶段，比如一个学期可以分为表 2-2 中的四个环节。

表 2-2　实施行动研究课题的四个环节

阶段	研究内容
第一环节	1—2 周：收集观察、调查和测评数据，发现和确定要解决的具体问题。
第二环节	3—4 周：阅读与研究问题相关的文献之后，制订第 1 轮的干预性教学策略 1。
第三环节	5—8 周：实施第 1 轮干预性教学策略 1 后，收集、分析多种数据，反思调整教学，参阅文献再制订第 2 轮干预性教学策略 2。
	9—12 周：实施第 2 轮干预性教学策略 2 后，收集、分析多种数据，反思调整教学，制订第 3 轮干预性教学策略 3。
	13—16 周：实施第 3 轮干预性教学策略 3，收集和分析该阶段的多种数据。
第四环节	17—18 周：对比分析前后共三轮数据，确定最为有效的教学策略。

近些年来有些中小学教师在实施行动研究课题时常常将其与实验研究混淆，其实两者的研究目的和研究方法均有不同，研究数据的形式也不相同。它们的区别和共性见表 2-3。

表 2-3　行动研究和实验研究的异同

	行动研究	实验研究
研究目的	通过行动研究，寻找有效方法	通过实验研究，验证自己的假设
研究方法	调查问卷、观察、访谈、测试、文本分析等多种方法结合	实验方法（前测、后测）
数据形式	质性数据（文字）和量化数据（数字）结合	量化数据（数字），如成绩分数、统计数字
举例说明	自己班级前后期表现纵向对比	实验班和对照班前测的横向对比、后测的横向对比，以及两个班自身的前后对比
共同特性	都有数据支撑，同属实证研究	

这里我们侧重于行动研究，从术语、概念开始介绍其内涵和特点。在最早引进我国的英文原版书 *Action Research for Language Teachers*（《语言教师行动研究》）（Wallace，2000）里，该书的导读作者李静纯以深远的洞察力概括性地提出以下问题，以引起教师对行动研究这一术语的关注。

> ACTION RESEARCH 它是什么？它是一个被人偶然提到的项目？还是一个被某一派专家推崇的理论？是一种供科学工作者使用的研究方法？还是一套帮助实践者进行实际行动的技术手段？它与我们的英语教学是一种什么样的关系？它于我们的英语教学有怎样的价值？（李静纯，2000：F4）

为了准确理解该术语的特点，本书遵循导读者的视角，首先介绍一下"行动研究"出现的源头。第二次世界大战前后，一批犹太心理学家移民美国，他们关注和研究与心理学相关的社会问题，逐渐形成了社会心理学这个学派，其代表人物就是社会心理学之父库尔特·莱文（Kurt Lewin）。他于 1946 年在《行动研究和少数民族问题》一文中提出了"行动研究"的概念、功能和操作程序。在 20 世纪 50 年代初期，美国哥伦比亚大学教师学院两位教授 S. M. 科尔（S. M. Core）与 H. 塔巴（H. Taba）首次提倡用行动研究来解决教学中的问题。20 世纪 70 年代中期，Lawrence Stenhouse（1975）和 John Elliott（1976）的研究都强调行动研究要立足于解决实际问题，推动其在教学领域的进一步发展。20 世纪 80 年代中后期，"行动研究"在北美地区英语教育领域里逐步发展成为"教师研究"这个热门领域（Freeman，2005），旨在由教师个体开展研究，以解决自己教学中出现的问题。

行动研究是教育领域中的一种研究方法，参与者是教师，主要用于解决教学中的实际问题。自 20 世纪 90 年代至今，国际上关于英语教师（或语言教师）发展的论著从不同角度井喷式地大量介绍英语教师开展行动研究的报告或各种实证结果，其原因是人们逐渐认识到，行动研究作为一种反思性研究的常用手段，为各种语言教育课程和方法的改革，为英语教师参与、反思并切实地改进英语教学提供了可靠的工具。

戴维·纽南（David Nunan）在 *Action Research in the Language Classroom*（2004）中提出，外语教师要从理性视角（theoretical perspective）去理解自身的教学实践，而这些理解或者认识到的各种概念是通过行动研究的实践过程体现出来的。换言之，外语教学不是一个盲目的、随意的课堂行为，它其实是受到理论指引的实践活动。我们现在知道，这个"理论"包含多重含义，既有书籍里传播的公众所知的公开的理论（public theory），也有暗含在个体实践中个人私密的理论（personal theory）。纽南认为在教师专业发展的计划里，行动研究课题是一个可以纳入持续地对课堂教学行为进行干预、监控和调整的循环。外语教师具备一系列技能（如设计、监控和评估自己的专业行为）是非常重要的。显然，行动研究是帮助教师把理论和实践联系在一起的桥梁，教师通过开展行动研究去认识和深入理解各种概念，因此教师可以在数据收集和数据分析的基础上，持续反思和微调自己的课堂教学行为。

> In particular, teachers need to be able to conceptualise their practice in theoretical terms, they need to be aware of issues amenable to action research, and they need to have skills in data collection and analysis. These skills can be developed through action research projects wherein professional development programs can feed into a constant cycle of intervention, monitoring, and modification to classroom practice. [...] it is crucial that teachers develop a range of skills in planning, monitoring, and evaluating their own professional activities. (Nunan, 2004: 62)

从这段话中我们可以看出，行动研究是帮助教师了解自己教学、反思自己教学和提高自己教学的途径，它是教师自发开展自主研究和自我完善教学的好帮手。显然，行动研究不是一种理论体系，**它是一种研究问题和解决问题的方法，是一种按科学方法加以程序化的教学研究过程，包含问卷访谈资料收集、教学过程记录、个案研究、教学日志、教学日记、个人教学报告等**。行动研究就是教师个体通过发现自己教学中存在的问题，进而收集数据去分析、反思和调整自己的教学策略，最终解决问题。概括而言，行动研究是使教师自己的教学发生变化的一种反思性的研究活动。

因为教师是"一个以研究为本的职业"（笛科勒，2009：23），所以行动研究还有另外一个响亮的名字就是"教师研究"（Freeman，2005），它是指教师个体对自己的教学实践行为进行系统观察，收集和分析相关数据，最终改善自己的教学。我国学者王蔷在其专著《英语教师行动研究——从理论到实践》中对行动研究的定义做了以下四点归纳。

　　1. 行动研究是一种系统的反思性探究活动；2. 它由教师针对自己教学中的问题直接参与和开展调查与研究；3. 行动研究需要一系列的步骤来完成；4. 其目的是不断改进自己的教学，使教学达到最佳的效果，同时提高对教学过程的理解和认识。（王蔷，2002：8）

王蔷从四个角度回答了行动研究是"什么"、由"谁"来做、"在哪儿"做、"如何开展"和"为什么"目的而做这几个基本问题。她从行动研究的多种定义中提取了五个重要的关键词：变革（change）、反思（reflection）、合作（collaboration）、专业化发展（professional development）和改进实践（improving practice）。（同上，10）

2.1.2　行动研究的基本特点

由上可见，行动研究有利于教师开展基于自身专业实践的活动（Ferrance，2000；宋虎平，2003）。教师通过系统的观察，反思和调整自己的教学，有助于深入理解自身教学专业行为的质量，提高自己的课堂教学水平，以更有效地指导学生，最大限度地促进所教学生的进步。

Wallace（2000：14-17）概括了行动研究的几个特性：它是一种结构化的反思行为，不是漫无目标的反思；它以解决具体问题为焦点，不是随意性的；它是一个探究过程，即通过以各种理性方式收集的各种证据去回答问题的过程；它是教师反思自己的发现并应用到自身实践中，不同于其他传统研究更关注普遍性或者可以推广到其他地区；行动研究就是给教师"赋权、增力"，让他们变得更加自信、更有力量、更具素养。行动研究都是在个体或小群体的基础上开展的，它不关心找到适合普遍性的发明；它几乎不需要运用统计学的技巧。行动研究的主要功能，就是促进教师的反思，以此为提高他们的专业行为提供一个有效的方法。

> Action research is different from other more conventional or traditional types of research in that it is very focused on individual or small-group professional practice and is not so concerned with making general statements. [...] it may make little or no use of statistical techniques. The main function of action research is to facilitate the 'reflective cycle', and in this way provide an effective method for improving professional action. (Wallace, 2000：18)

众所周知，每一位英语教师的日常工作都很繁杂，要备课、上课、评课、辅导学生、命题、改作业、组织课外活动等；还要参加市、区、校各级教研活动，如集体备课、课堂教学观摩、同课异构、专家讲座、教学设计、说课、论文比赛、课题研究等。如果老师们希望进一步理解行动研究独有的特点，就需要把它和其他几种研究进行对比（宋虎平，2003：168），如实验研究、评价研究、调查研究、个案研究。关于这些研究方法的对比参见下页表2-4。

　　通过比较，我们看到行动研究具有许多鲜明的特点，比如收集数据手段多样，时间跨度长而且有一定循环性，基于课堂教学实践，面向教师反思教学和持续调整教学等。正如文秋芳、韩少杰所言："行动研究的关键在于行动……这种行为具有目的性、计划性、理据性与反思性。"（2011：65）

　　总体而言，大多数英语教师对传统教育研究是略知一二的，以前主要是使用量化研究方法（其数据基本是数字），即实验方法（朱枫，2010）。这类研究方法有实验设计和假设，通过测试的方式随机抽选被试者，检验他们在经过特定的处理后的变化和结果。显然，这需要由专门的科研人员对课堂教学中的教师或学生进行某些因素的控制（如实验班和对照班在规模、性别等方面保持接近），而后实验班进行某种措施的干预（如使用新教材、新方法），一段时间之后对照班和实验班的成绩进行横向对比和自身对比测量。老师和学生都是被动地按照研究者的要求去配合，这是自上至下开展的活动，它关注的是结果或者短期行为。一般情况下，这种研究在得出普遍性的结论后会推广到其他地方，作为宏观指导。许多老师根深蒂固地以为实验研究是做研究的唯一方法（朱晓燕，2013：1），但事实上并非如此。

　　行动研究代表了一个崭新的视角，它最大的特点是运用质性研究方法（数据以文字为主）（陈向明，2001），其操作步骤将在本书第三章中结合三个具体案例详细介绍。行动研究方法是由教师个体或小群体根据需要解决某个问题的目的，自行设计研究方案，在不同时期实施各种数据收集和分析的手段，通过定期反思和持续调整自己的教学策略，不断改善或者更新自己的教学观念

表 2-4　多种研究方法的比较

	行动研究	实验研究	评价研究	调查研究	个案研究
目的	不断改进自己的教学，寻找有效的教学策略	验证某种假设	检查教学结果	了解某个现象的情况如态度	深入调查某个事情的原因
人员	教师	专门研究人员或教师	外部专业人士或领导	教师、研究人员	教师、研究人员
数据收集手段	问卷调查、观察、访谈、测试、日志、教案等多种，以文字为主的数据	实验设计、实验过程、前测与后测成绩，以数字为主的数据	座谈会、汇报会、翻阅相关资料，以文字为主的数据	观察、访谈、测试、问卷调查、文字或者数字的数据	观察、访谈、以文字形式的数据为主
过程	比较长，分几个阶段循环性	可长、可短 一次性	短暂 一次性	短暂 一次性	可长、可短 一次性
特点	教师个体反思、调整自身教学	严格控制各种实验变量	关注结果	关注现象的原因	关注现象背后的原因

和行为，最终找到解决问题的途径。因此，行动研究关注的既是一种不断调整、发展的教学过程，也是改变后的结果，是自下至上地开展活动。教师主动收集自己教学方面的各种数据来分析和反思，决定哪些教学策略需要调整。行动研究收集数据的手段主要有文字数据（教案、教学日志、观察记录、反思日志、座谈记录等），也有辅助的数字数据（如测试成绩、问卷等）。研究分析得出的结论只是针对特定的环境和个体，结论直接应用于改进某个具体的教学实践，帮助教师通过反思提高对教学的深入理解。

显然，外语教师做行动研究课题，就是开展与外语学科相关的教育教学课题研究，目的是解决自身教学中存在的问题。课题内容可以是对外语课程、外语教材、外语教学内容的理解，也可以是语言知识、语言技能、外语课堂的教学方法、外语学习方法、外语测评手段，还可以是对不同特点的外语教师或学生进行的比较，等等。实施课题的完整过程通常包括课题申报、批准立项、开题报告、实施、结题（徐建敏等，2005；朱晓燕，2013）。

国内外许多学者都指出了外语教师参与行动研究课题的意义：首先，可以提升教师的专业化水平和反思能力，加强教师的专业化角色及认同感（Richards et al.，2000a；陈向明，2001；靳玉乐，2006；吕洪波，2006）；其次，可以提高教师探究和解决问题的能力（Richards et al.，2000a；Richards et al.，2000b；Freeman，2005；兰克希尔等，2007）；再次，可以更好地发展教师对教学的评价能力（王蔷，2002；宋虎平，2003；王蔷等，2014）。

> 教师这门职业是一门非常专门化的职业，需要进行专门的、持续不断的学习和训练。而成为专门化教师的最好途径就是参与研究，对自己的日常行为和学生的学习进行系统、规范、严谨的探究。目前在国际教师教育领域，"教师作为研究者"已经成为一个非常重要的内容，被认为是教师提高自身意识和专业能力的一个十分有效的途径。（陈向明，2001：2—3）

　　显然，"教师研究局限于直接的即时课堂研究，其次，任何一项教师研究的主要研究者都是实施调查自身课堂的老师"（兰克希尔等，2007：4）。因此，**教师**开展行动研究，不再仅仅是被研究，而是**要研究自己的课堂教学**。这些特点充分表明行动研究有助于增强教师的专业自信、探究能力和评价能力，最终可以提高教学质量。

2.2　英语教师教学观念和行为的困惑

　　本节从三个方面展开：首先指出英语教师教学观念上的一些困惑；其次介绍英语教师教学行为上的一些纠结；最后提出教师如何结合测评内容开展相关的行动研究课题，以找到解决问题的有效途径。

2.2.1　教学观念方面

　　教学观念是指教师对教学本质、教学目标、教学内容、教学方法等教学问题的基本认识，既包含了约定俗成的一些集体观念，也包含了个人的一些理解，如英语教师对教材使用的认识，对多种基本课型教学的认识，对词汇教学、语法教学、语音教学的认识等（吴欣，2005；兰希等，2016）。有些观念来自职前师范教育阶段的学习，有些来自过去自己做学生时的课堂经历和观察，还有些是自己做老师以后在教学中产生的，或者是在教师培训时获得的（笛科勒，2009）。可见，英语教师的教学观念常常是传统的、现代的、别人的、自己的诸多来源的合成物。对于在教学中遇到的各种困惑，教师需要不断总结自己的成功经验和失败教训，逐步进行选择、调整，最后形成新的教学观念。也正因此，教师经常发现自己的英语教学观念会产生各种矛盾（韩刚，2008；王初明，2010；夏纪梅，2012；朱晓燕等，2014）。下面举四个例子。

2.2.1.1　词汇教学模式

传统的词汇教学观念是集中或者提前在课文教学**之前**讲授本单元或者新课文里面的生词用法、读音和例句，很多教师早已习惯这种**脱离语境的词汇教学方式**，认为这样可以帮助学生扫清新课文阅读的障碍，教师对课堂时间也容易把控（朱晓燕，2011：33）。而新课标提倡的词汇教学新理念则是强调"在语境中"（即在课文的具体语境中）去教授学生猜词技巧，教学生学习和使用单词，培养学生的词块意识。有些老师觉得这种处理方式耗时多，课堂时间难以掌控。

目前很多教师的困惑是：词汇教学究竟应该如何处理？是在阅读前集中处理还是在阅读中分散处理，或是在阅读后统一处理比较好？其实，词汇教学上的困惑牵涉到对词汇内涵、词汇教学目标、词汇教学方法的认识，是传统观念和现代观念发生了碰撞（侍书芹等，2019；刘杰娟等，2019）。解决这个问题的一个思路是，通过做行动研究课题弄清：何种情况下比较适合在课文语境中教授生词，何种情况下比较适合脱离语境复习巩固生词。

在做课题之初，教师首先测试学生的词汇学习策略和词汇量，进行问卷和访谈调查；然后阅读词汇教学的最新文献，结合班上所收集的各种数据进行分析，设计有针对性的词汇教学新措施，经过一段时间再收集数据与前一阶段的数据比较，如果效果良好可以保持，效果不明显则可以调整词汇教学的若干策略，再实施教学，之后再收集数据进行比较，直到找到词汇教学的有效策略。

2.2.1.2　课文教学模式

传统的课文教学观念是，在课文教学过程当中，教师布置学生做一系列问答、填空、正误或者配对等练习，检查学生对课文内容主旨、段落大意和细节的理解，安排学生进行读后讨论、小组报告、角色扮演等活动。而新课标提倡的课文教学理念，要求结合课文的主题语境（人与自我、人与自然、人与社会），重视语篇类型（记叙文、说明文、议论文和应用文等），融合语言知识（如篇章结构和衔接手段、生词、长难句）、文化知识（价值观）、语言技能（阅读技能）和学习策略（个人合作和小组合作）等开展六要素整合的教学。

目前老师们遇到的阅读教学方面的困惑，有的是不知如何设计教学活动以开展对学生思维品质的培养（陈胜，2017），有的是不知对学生批判性思维策略的培养如何下手（李冬琴，2017），也有的是对教授学生判断课文的体裁感到非常棘手，还有的是对有效传授各种体裁的结构、语言特征、衔接手段的知识没有把握（朱晓燕，2011：169）。其实，这种对课文语篇类型难以把握的教学困惑，牵涉到对语篇内涵、语篇教学目标、语篇教学方法的认识，是传统观念和现代观念产生了碰撞（周雪晴，2017；易立，2017）。解决困惑的思路之一，是做涉及语篇教学的相关行动研究课题。

在做课题之初，先测试学生对课文语篇微技能的掌握程度，调查学生／教师对课文语篇学习／教学的困难和困惑，然后通过学习语篇知识，设计课文语篇教学的新策略，通过一段时间的施教后，收集课题数据与前一阶段进行分析对比，不断调整课文语篇教学策略，直到找到语篇教学的有效策略。

2.2.1.3　写作教学模式

传统的写作教学理念是**结果导向式**的，由教师布置课外写作练习内容，学生完成后提交教师批改（卓琴，2017；张冠文，2017）。新课标提倡的写作教学新理念是**过程导向式**和**体裁导向式**的，教师在课堂上首先指导学生了解某一种语篇类型、体裁结构和语言特征，然后布置学生在课堂上限时模仿写作，最后教师进行全班面批。这种新的写作教学模式，要求教师首先要引导学生打开思路、关注内容要点，其次要点拨学生语篇结构和相关语言表达方式等知识，继而在学生完成限时写作之后立即进行内容、结构和语言等方面的反馈。

对此，不少教师感到压力极大、困难重重，担心学生做不了、完不成。显而易见，这种教学上的困惑（凌勇，2017；罗之慧，2017）牵涉到对写作这种表达性技能的内涵、教学目标、教学方法的认识。解决该困惑的一个有效思路，也是做写作教学的行动研究课题。

在课题开展之初，教师通过测试、问卷和访谈等方式收集数据，了解学生写作微技能的困难表现并进行分析；然后，阅读写作教学的近期文献，设计写作教学的新措施；经过一段时间的施教后，再收集前后期相关数据进行对比，再进行写作教学策略的调整，直到找到有效的写作教学策略。

2.2.1.4　课堂教学模式

传统的英语课堂教学模式偏重**教师讲解式**，内容有解构生词、语法，训练答题技巧，检查内容理解等。而新课标提倡的课堂教学模式要求落实三层次的**学习活动观**（学习理解、应用实践和迁移创新），体现课程六要素的融合，实现学科核心素养（语言能力、文化意识、思维品质和学习能力）在课堂教学的落地。这种崭新的教学模式，是针对长期以来教学碎片化，不重视培养学生思维品质、文化意识、学习策略等种种弊端而提出来的新方向（李冬琴，2017；解冰等，2019）。这就要求一线教师要从习惯了的思维方式中跳出来，进行相应的教学观念补充、调整和整合。

显而易见，一线教师面对这种新旧教学观念的转变，必定会感到较大的压力和挑战。要想有效地实现这种教学观念的转变，一个有效的思路就是做行动研究课题。

正如前面所介绍的，在课题研究之初，要通过调查手段（包括语言测评、学生问卷、教师访谈、作业或教案分析等）了解研究对象如学生和其他教师同行对现有课堂教学模式的态度；然后通过学习新课标的学习活动观，以及课堂教学模式的相关文献，设计新的课堂教学模式实施策略，通过一段时间施教之后再收集相关课题数据进行分析对比，然后进一步调整教学策略，再施教一段时间，再收集数据分析，直到找到有效的课堂教学模式的策略为止。

2.2.2 教学行为方面

在实际教学中，中小学英语教师除了一些认识上的困惑以外，也会在教学实践中不时遇到一些左右为难的行为问题，其中相当一部分是由传统教学行为与最新教学理念的冲突造成的（周兵红，2018）。过往许多习以为常、司空见惯的教学行为，在如今新课标强调核心素养的背景下遭遇质疑或者挑战。比如：教案中的教学目标怎样撰写，课堂上思维导图怎样运用，语法怎样讲授才清楚，学生课外作业怎样布置更为有效，等等。下面逐一举例进行解释。

2.2.2.1 教学目标的撰写

很长一段时间以来，英语教师在撰写教案的**单元或者课时教学目标**时，有的是按照旧课标（2003 版）所列出的五个目标（语言知识、语言技能、情感态度、文化意识、学习策略）来写；有的则是选出三项，如知识技能、过程和方法、情感态度价值观，即主要是写语言知识、语言技能和情感态度，对文化意识和学习策略则往往忽略。例如，某一节阅读课的教学目标，语言知识方面是掌握该篇课文的若干生词、词组、语法、句型，语言技能方面是训练阅读的若干技巧（如扫读、快读、在上下文中猜测生词含义等），情感态度方面是培养学生热爱祖国、尊老爱幼、乐于合作等。

2017 版高中英语课标公布之后，有些老师开始把培养学科核心素养的四个要素（语言能力、文化意识、思维品质和学习能力）作为教学目标的指引，有些老师则是按照**课程六要素**（主题语境、语篇类型、语言知识、文化知识、语言技能和学习策略）来规划。

对于单元和课时教学目标的新的撰写方式，有不少老师感到很纠结，因为要关注的项目比以往多了好几个，自然对老师的备课要求就高了很多。那么，教学目标应该从哪些方面写比较合适呢（张顺生等，2015）？新课标指出："教学目标应该可达成、可操作、可检测。每个课时目标的设定都要为达成单元整体目标服务，有机整合课程内容六要素，并根据教学实际需要有所侧重，避免脱离主题意义或碎片化的呈现方式。"（教育部，2018：57）应该怎样实现新课标的要求呢，一个有效的思路就是做行动研究课题。教师通过学习新课标的理念和阅读相关文献，有针对性地设计和撰写教学目标，在实施后通过课题数据的收集和分析对比，进一步调整自己的教学，直到实现对英语课堂教学目标的有效把握。

2.2.2.2　思维导图的运用

近十多年来，很多老师在英语课堂上运用思维导图教授阅读、词汇、语法、听说和写作等内容（李楚珍，2018）。有的老师是在**课堂教学之初**演示思维导图，引导学生理解某篇课文各段落的内容、某些词汇的多种词性和含义、某个语法的基本概念、写作的内容框架等；有的老师布置学生单独或以小组为单位做思维导图，然后通过提问来检查；有的老师是在授新课时使用，也有的老师是在上复习课、练习课和活动课时使用。

不少老师比较纠结的是：使用思维导图的有利时机是什么时候？怎样才能让思维导图在英语课堂上发挥最佳教学效果？怎样在阅读、词汇、语法、听说和写作课教学中使用思维导图指导不同程度的学生高效理解内容或者表达观点？对于这些问题不可能有一刀切的解答，比较可行的方法是做行动研究课题。

教师首先进行相关调查（测试、问卷、作业或教案分析、课堂观察或访谈），找到主要问题，然后阅读相关文献，有针对性地设计使用思维导图的教学干预措施，经过一段时间的施教后收集相关数据，分析效果，进一步调整自己的教学，再经过一段时间的施教后再次收集相关数据，直到找到解决具体问题的有效策略。

2.2.2.3　语法教学的困惑

很长时间以来，教师上语法课时总有比较多的困惑（吕娟娟，2015；谭妙兰，2019；杜锐，2019）。教师习惯从语言形式的角度解释语法，而对其意义和语用较少涉及。比如，定语从句这个内容，很多教师的举例和讲解聚焦在先行词和关系代词或者关系副词这个**语言形式**方面，而较少从意义、语用的角度帮助学生理解定语从句的功能是对所描述的人或物精准定位，需要借助关系代词或关系副词引导的从句，来联系前面主句所指向的人或物。

显然，学生对语法学习的注意力常常是在使用上，而教师讲解语法的焦点是在语言形式上，两者发生了一定的错位。这种错位经常会引起教师的困惑：为何反复讲解了语法的形式，学生运用语法时还是常常出错呢？教师如果要消除困惑，一个有效的方法就是做行动研究课题。

教师首先进行相关调查（测试、问卷、作业或教案分析、课堂观察或访谈），找到主要问题，然后阅读相关文献，有针对性地设计语法教学的干预措施，经过一段时间的施教后收集相关数据，分析效果，进一步调整自己的教学，再经过一段时间的施教后再次收集相关数据，直到找到解决问题的具体策略。

2.2.2.4　课后作业的布置

众所周知，英语课结束之前教师会布置两种类型的作业：一种是**复习作业**，巩固当天课堂所涉及的教学内容；另外一种是**预习作业**，通常是要求学生自行预习新课文、新单词或者新的语法项目（谢燕玫等，2015）。由于新课标主张学生在语境中猜测词义，不少教师感到纠结的是预习新单词、新课文的作业是否还有必要。如果提前布置了预习作业，学生事先查了字典，或者看了参考书，那么课堂教学中就无法体现在语境中训练学生猜词的策略。但如果不提前布置预习任务，教师又担心学生在课堂上无法理解课文内容。

在如何有效布置学生预习或者复习的问题上，教师如果要消除自己的顾虑或者困惑，有效的方法应该是做行动研究课题。教师首先进行相关调查（测试、问卷、作业或教案分析、课堂观察或访谈），找到主要问题，然后阅读相关文献，有针对性地设计教学干预措施，经过一段时间的施教后收集相关数据，分析效果，进一步调整自己的教学，再经过一段时间施教后再次收集相关数据，直到找到解决问题的具体策略。

2.3　实施行动研究课题的四个环节

教师应该如何解决自己日常教学中产生的困惑呢？前面分析了，教学与测评有密切的联系，测评对教学既有反拨作用，也有诊断作用。因此，笔者对一线教师给出的建议是：在日常教学中，结合测评手段开展一项行动研究的课题，经过一段时间的研究活动，比如一个学期、一个学年，最终找到解决自己教学中存在的问题的方法。根据前面介绍的测评内容和行动研究课题方法（王蔷，2002；王蔷等，2014；等等），遵照行动研究方法和测评研究课题的实施过程，笔者参照三个测评课题组成功结题的经验，提出四个具体操作环节。下面对这四个环节逐一展开介绍和讨论，希望对日后开展相关课题研究的英语教师有一定的参考和借鉴作用。

2.3.1　调查测评诊断，确定研究内容

教师在教学中发现困惑或问题，需要确定问题和研究内容，这是开展行动研究课题的第一步。调查手段通常包括课堂观察、学生问卷调查、对学生和教师进行访谈、学生做语言测试、分析

学生作业等，从中发现一些突出的问题，再进一步确认需要研究的内容。教师首先对于日常教学中产生的困惑或感到棘手的问题要有一定敏感度或者意识，其次是根据不同的问题类型进行判断，确定具体研究内容，如：

- 学生方面（语言能力、学习能力、思维能力、情绪等）
- 课程、教材、教学内容方面（教学目标、文化意识渗透等）
- 教学方法方面（设计、组织、提问、解释、反馈等）
- 评价考试方面（命题、形成性评价等）
- 教师专业发展方面（教学观念、教学行为、专业学习等）

一、假如教师注意到中等水平学生在写作上有困难的地方，希望通过行动研究去找到解决方法，可以根据自己确定的具体研究目的，从表 2-1 中选择某个研究方法来进行课题研究。

表 2-5　关于学生和学法方面的研究选题

问题类别	研究内容	行动研究方法
学生或学习方法指导	涉及不同语言水平、不同性别、不同地区的学生，如： ——待优生／学困生的英语学习动机**如何激发**，学习习惯和学习方法**如何引导** ——中等水平学生的语言知识（词汇／语法）和语言技能（听说读理解性和说写表达性）学习策略**如何点拨** ——优生课外阅读内容和方法**如何指导**	目的：寻找指导学生的有效策略 方法：通过三阶段前后对比去发现 （1）阅读近三年关于学生和学法的文献与最新研究成果 （2）调查研究：用课堂观察、测试、访谈、作业分析等方法了解学生的困难所在 （3）制订有针对性的教学策略 （4）评估效果，反思、调整教学策略 （5）评估效果，反思、调整教学策略 ……直到找到有效策略

二、假如教师关注的是课程内容、教材或教学内容方面的问题，可以根据自己确定的研究目的，从表 2-4 中选择某个研究方法来进行课题研究，以找到解决问题的途径。具体做法见表 2-6。

表 2-6　关于课程、教材和教学内容方面的研究选题

问题类别	研究内容	行动研究方法
课程、教材、教学内容	对新课标基本概念的理解或操作，如： ——课堂教学中**如何融入**对学生思维品质、文化意识的教育内容 ——对课文不同语篇体裁文本类型**如何判断**和分析 ——对语言知识（语音、词汇、语法、语篇、语用）**如何理解** ——对不同层次阅读、听力、口语和写作等微技能的内涵**如何领会** ……	目的：寻找有效教学策略 方法：通过三阶段前后对比去发现 （1）阅读近三年最新文献和研究成果 （2）设计初步教学方案 （3）调查研究：通过课堂观察、测试、访谈、作业分析了解效果 （4）评估效果，反思、调整教学策略 （5）评估效果，反思、调整教学策略 ……直到找到有效教学策略

三、假如教师关注的是教学方法方面的问题，可以根据自己确定的研究目的，从表 2-4 中选择某个研究方法来进行课题研究，以期找到解决问题的途径。具体做法见表 2-7。

表 2-7　关于教学方法方面的研究选题

问题类别	研究内容	行动研究方法
教学方法	涉及教学理念和教学手段的： ——**如何判断**课文语篇体裁的文本类型 ——**如何设计**课本不同层次的练习安排 ——**如何处理**教材内容的加工和删减方式等 ——**如何设计**高效导入教学内容的方法 ——**如何处理**课文生词、长难句的讲授时机 ——**如何开展**阅读、听力、口语和写作等语言微技能的训练 ……	目的：寻找有效教学方法 方法：通过三阶段前后对比去发现 （1）阅读近三年最新文献和研究成果 （2）设计初步教学方案 （3）调查研究：通过课堂观察、测试、访谈、作业分析了解效果 （4）评估效果，反思、调整教学策略 （5）评估效果，反思、调整教学策略 ……直到找到有效教学策略

四、假如教师关注的是考试评价方法方面的问题，可以根据自己确定的研究目的，从表 2-4 中选择某个研究方法来进行课题研究，以期找到解决问题的途径。具体做法见表 2-8。

表 2-8 关于评价和考试方面的研究选题

问题类别	研究内容	行动研究方法
评价考试	涉及教学评价和考试的目标、内容和方法： ——**如何设计**多种评价方式？ ——**如何开展**多种评价活动？	目的：寻找有效的评价方法 方法：通过三阶段前后对比去发现 （1）阅读近三年最新文献和研究成果 （2）设计初步评价方案 （3）调查研究：通过课堂观察、测试、访谈、作业分析了解效果 （4）评估效果，反思、调整评价策略 （5）评估效果，反思、调整评价策略 ……直到找到有效评价策略

五、假如教师关注的是自身方面的问题，可以根据自己确定的研究目的，选择某个研究方法来进行课题研究，以找到解决问题的途径。具体做法见表 2-9。

表 2-9 关于教师专业发展方面的研究选题

问题类别	研究内容	行动研究
教师自身专业发展	涉及教师自身专业素养（如语言能力、教学能力、研究能力等）： ——**如何提高**教师自身语言运用能力（英语语言知识和技能水平） ——**如何提高**教师英语教学能力（英语教学设计、实施和评价水平） ——年轻教师**如何开展**专业学习（包括如何备课、听课、磨课和评课） ——中年教师**如何反思**（包括教师课堂话语分析、教师对不同体裁文本的分析） ——经验型教师**如何创新**（包括特定教学模式研究、考试研究等）	目的：寻找某种类型（如新手型、经验型等）教师专业发展的有效途径 方法：通过三阶段前后对比去发现 （1）阅读近三年有关教师专业发展路径的最新文献和研究成果 （2）设计某种类型教师专业发展途径的实施方案 （3）调查研究：通过课堂观察、测试、访谈、作业分析了解效果 （4）评估效果，反思、调整专业发展路径的策略 （5）评估效果，反思、调整专业发展路径的策略 ……直到找到有效策略

从上面表 2-5 至表 2-9 中我们可以看到，教师会面临各种各样的问题：有涉及教学对象即学生的，也有针对教师自身的；有涉及课程方面如目标和内容的，也有关于教材和教法的，等等。因此，有经验的研究者往往是针对一个问题或困惑做一次行动研究的课题，不会期待通过一个课题就能解决掉自己面对的所有问题。

总之，教师首先要思考和确定一个自己希望首先解决的具体问题，然后把这个问题变成行动研究课题的内容。比如，教师非常关注所授高一班级的很大一部分学生阅读成绩持续徘徊不前的问题，那么，"如何有效提升高一学生阅读成绩"很有可能就是应该做行动研究的课题。

2.3.2 阅读相关文献，制订研究方案

确定需要研究的内容为阅读相关文献提供了必要的前提条件，也为制订研究方案指出了方向。比如，某高中教师发现学生的英语写作成绩偏低，语篇衔接连贯意识薄弱，因此确定研究内容包含英语课堂写作教学策略、语篇衔接连贯等，那么，阅读的文献就要包含所确定的研究内容。循环式的研究方案是指设计至少三轮教学干预策略，通过每一轮教学策略实施、数据收集和分析、教学策略调整这样的循环过程，最终才能比较出最有效的教学策略。究竟应该如何制订研究方案呢？通常有两个方法。

第一，教师在明确自己研究问题的类别之后，需要**阅读**与研究问题或研究内容**相关的**文献，以寻找理论依据。比如，对于在高中如何开展课文语篇教学方面的研究问题，研究者需要寻找有关语篇教学的理论依据，为此要阅读涉及语篇问题的专著，如《教学篇章语言学》（刘辰诞，1999）、《语篇分析的理论与实践》（黄国文，2001）、《功能语言学与外语教学》（张德禄，2005）。它们都可以作为语篇类型、篇章结构等研究课题的重要理论依据。

如果教师研究的是初中语法教学方面的问题，可以阅读《如何教授英语语法》（Yule，2002）和《第二语言习得研究与外语学习》（丁言仁，2004）；如果要研究教师的课堂教学技能问题，可以阅读《英语教师课堂话语分析》（程晓堂，2009）和《英语课堂教学策略》（朱晓燕，2011）等。教师做课题研究之前需要阅读的相关理论书籍和文献通常有五大类：

第一类，语言学相关著作（如语音学、词汇学、语法学、语篇分析、语用学）；

第二类，英语课程标准（高中段或义务教育段）；

第三类，外语教学法（各种教学流派）、外语测评；

第四类，二语习得；

第五类，教师专业发展等。

这五类书籍和文献分别提供了外语教学研究所涉及的比较密切的理论支撑。（朱晓燕，2011，2013）

表2-10　英语教学课题研究的五类相关理论依据

相关背景	相关内容
语言学理论、语篇分析理论	包括语篇、语境、语用、语音、词汇、语法等语言知识，以及听说读看写等语言技能。
英语课程标准	对中小学各级水平的英语课程目标、内容、方法、测评的描述，例如核心素养的要求，课程六要素，三层次学习活动观，高中水平一、水平二的不同要求等。
外语教学法、测评理论	对中小学各级水平语言教学的方法、手段和依据的描述，包括听说法、交际法、任务型教学法、合作学习法、全身反应法等；以及语言测评的基本概念，如诊断性测评、形成性评价和终结性评价等。
二语习得理论	对中小学各级水平学生学习过程和个性心理特征的阐述，如动机理论，学习策略理论，学习风格理论，语言输入、互动、输出理论等。
教师专业发展	教学反思、教师学习、教师合作、教师话语、教师行动研究等。

从表 2-10 可以看出，外语教师的研究范围通常是在语言学领域，研究对象离不开学生、教材、教法、学法和教师这五大类相关理论。但在实际研究的过程中，文献阅读这个环节是比较薄弱的，不少教师由于工作忙，没有花太多时间寻找和阅读相关文献，因此经常看到的现象就是理论依据或者相关文献不完整，内容不够充分，尤其是在研究中经常忽略了对语言学理论方面的学习，比如写作教学的课题就应该有语篇方面、写作策略方面、写作教学法方面的文献等（凌勇，2017；罗之慧，2017）。

第二，参考他人的研究成果，包括研究内容、研究对象、研究方法、教学设计或内容、教学策略或手段等方面，结合教师自己前期调查的数据，设计一个有针对性的教学干预性手段和收集数据的研究方案。为此，在课题实施之前，教师需要了解近五年来中小学英语教学专业刊物上发表的相关研究成果，以便了解他人在这方面已经做了哪些研究，从而加以借鉴。行动研究方案是课题实施的行动蓝图，具有前瞻性、科学性和可操作性等特点，课题组成员要高度重视、反复讨论和修改，最终将其确定下来。

研究方案的内容包括三个方面的具体要素，即：明确具体的**研究内容**，明了具体的**研究目的**，明晰**研究方法**和**研究手段**。行动研究课题的实施过程有一个比较突出的特点，就是需要教师持续反思自己的教学，不断调整自己的教学观念、方法或教学干预手段。在设计研究方案时，课题组需要注意几个要素之间具有的内在逻辑关系，如果没有处理妥当，研究过程就会走弯路。

首先，明确课题的具体研究内容。比如，教师注意到思维导图在初中写作课中的运用不是很理想，希望开展行动研究课题来解决这个问题，可以首先在专业刊物上阅读他人的有关思维导图在写作课上运用的研究成果。通过阅读专业刊物教师可能会发现，很多已有成果都是**围绕思维导图在写前阶段的运用展开，偏重于强调激活思路，准备写作提纲和段落大意**。受此启发教师可以考虑在初中英语写作课的写前阶段，运用思维导图**强化对语言时态、常用句型或词组以及语篇衔接连贯手段的教学指导**。由此，教师就能明确自己课题研究的内容是运用写前阶段思维导图的指导策略，提高学生的语言流畅性和准确性。

现实中，研究内容方面存在的常见问题是内容宽泛、空洞或者抽象。比如，"英语教学中中国文化的渗透"这个题目，"英语教学"没有范围，不知道是哪个学段、哪种课型；"中国文化"也没有界定是古代还是现代，是物质文化还是精神文化层面等。如果没有具体界定研究内容的内涵，研究很难有抓手或者切入点。

其次，明了课题的研究目的。针对具体的研究问题，教师需要明确具体的研究目的。比如，上面例子的具体研究目的即是通过在写前阶段运用思维导图，不断进行教学反思和调整原有的教学手段或者策略，力图找到训练学生提高写作语言流畅性和准确性的有效方式。实现这个目的的具体步骤是：通过三个阶段的循环，即设计与实施教学策略 1 →收集数据评估结果 1 →反思调整新的教学策略 2 →收集数据评估结果 2 →反思调整新的教学策略 3 →最终找到有效教学途径 3。

如果不能尽早明晰自己的研究目的，就容易使研究迷失前进的方向，难以走下去，很可能最后不了了之。很多一线教师开始做行动研究课题时热情很高，但是做了一段时间之后发现很难做下去，其中最主要的原因就是在开始阶段对研究的目的不够明确。比如，前面提到过的课题"如何有效提升高一学生阅读成绩"，不同的研究目的就会采用不同的方法。

第一种研究目的是**调查原因**，相应地使用的是**调查研究方法**。有的老师只是想了解班上学生平时做阅读题成绩不佳的原因，他可以使用问卷调查学生的学习态度和学习方法，了解他们心目中比较难做的题目是什么类型，最终结合测试分析确定究竟是什么因素阻碍了学生阅读成绩的提高——是学生心理方面、学习方法方面的问题还是阅读题的内容偏深等原因，进而为教师调整下一阶段的教学内容和方法提供依据（秦晓晴，2009）。

第二种研究目的是**寻找方法**，相应地使用的是**行动研究方法**。有的教师想寻找提高学生阅读成绩的有效方法，需要在一段较长时间内（通常是一个学期），经过三个阶段（4—5周为一个阶段），不断尝试多种教学方法，然后反思、调整，持续比较教学效果，然后才能找到有效方法（王蔷，2002；王蔷等，2014）。

第三种目的是**验证效果**，相应地使用的是**实验研究方法**。有的教师想验证一下新方法或在别人那里行之有效的方法，在自己班上是否可行。他可以将两个班作为实验班和对照班，控制各种相关变量（如班级人数规模、学习水平、班级授课教师等），通过对前测和后测的学习成绩进行统计分析，最终确定实验班所使用的方法是否可行。这类实验内容可参考王宗迎和何广铿（2008）。

再次，明晰课题的研究方法。从上面的举例中可以看到，不同的**研究目的**会把课题带往不同方向和路径（朱晓燕，2013：44）。根据前面所列的三种研究目的，研究者需要提出相应的研究问题（research questions），就是若干疑问句，它们所起的作用就如同门把手，引导人们进入房间，以免徒劳地面壁却不得入内。为了回答这些问题，研究者需要根据研究目的找到相应的研究方法，在收集和分析数据之后找到研究问题的答案。例如，教师对某种英语新教材开展课题研究，可以根据不同的研究目的设置不同的研究问题，并采用不同的研究方法和收集数据手段。表2-11中的粗体字突出了它们之间的区别。

表 2-11   三种研究目的的研究问题和相应研究方法

研究目的	研究问题（疑问句）	研究方法
调查	● 学生对新教材的态度和看法是什么？ ● 教师对新教材的态度和看法是什么？ ● 他们对新教材态度的差异主要表现在什么方面？	问卷调查、访谈、课堂观察
探究	● 课堂教学中教师是如何使用新教材的？ ● 学生在课外是如何使用新教材的？ ● 教师和学生为何喜欢或不喜欢新教材？	课堂观察、问卷、访谈、测试
验证	● 新教材是否比旧教材更受学生喜欢？ ● 新教材是否比旧教材更能提高学生成绩？	实验班和控制班做实验对照

1. 调查式   调查式研究提出的研究问题通常是了解研究对象的看法、态度和意向选择（what）等，比如学生对新教材加大了词汇量的看法**是什么**？教师对这个宣称能提高学生写作能力的教材的看法**是什么**？因此，这类研究问题在句式表述上的关键词以**"是什么"为主**。调查式研究一般会采用多种收集数据的手段，包括测试、问卷、访谈以及课堂观察等，研究对象的规模也比较大。常见调查方法有两种：第一种是使用量化统计分析的手段，如成绩测试和问卷分析（韩宝成，2000）；第二种是质性研究方法常用的手段，如访谈、课堂观察等（陈向明，2001）。

2. 探究式   探究式研究是指采用行动研究的方法，进行深入、系统、长期、定期的相关数据收集并做分析研究。研究对象的规模一般比较小，例如一两个人或一个班。探究式研究的数据收集手段比较多，如对一个班的问卷调查或课堂观察，对几名学生或教师的访谈，对几种类型学生的作业分析，以及对一个班学生前后成绩的对比等。这类探究式研究通常包括多种手段，有量化也有质性的数据等。这类行动研究提出的研究问题是探究原因和过程（why or how），比如学生是如何扩大英语词汇量的，某教材何以有效提升英语学生的写作能力。这类研究问题的句式表述关键词以**"如何""怎样"**为主。

3. 验证式   验证式研究是指采用实验方法，对实验班和控制班采取多种变量控制，进行横向的前测与后测成绩对比，从而验证实验班所采用的某种教学干预手段（比如新方法或者新教材）是否优于控制班所使用的旧方法或者旧教材，因此，实验方法通常以量化手段为主，收集的数据主要以可对比的测试成绩为主。这类**实验研究**通常是为了验证某个假设（whether，if it is true），比如学生运用某个新方法**是否**能够扩大英语词汇量，某教材**是否**能有效提升学生英语写作能力。因此，这类研究问题的句式表述关键词以"**是否**"为主。

　　总之，制订研究方案不能随心所欲，而是要根据特定的研究内容和研究目的，选取恰当的研究方法和手段，去收集相关数据解答研究问题（朱晓燕，2013：18）。

2.3.3　反思多种数据，调整教学策略

　　现在，我们讨论**研究方案的实施过程**。它包括至少两到三个阶段，每个阶段都要系统地收集多种研究数据并做出分析研究，然后对教学干预性手段（即所尝试的新策略）进行反思和调整。数据收集要注意系统性、细致性和可操作性，数据分析要注意科学性、严密性和可靠性。

　　选择恰当的方法收集数据和分析数据非常重要。数据依来源的不同分为两大类：第一手资料和第二手资料，对前者的研究称为实证研究，对后者的研究称为文献研究。实证研究要求研究者亲自到现场收集数据，如进行访谈、观察和测试等，一线教师、教研员和部分大学教师会做这类研究。理论语言学家和部分大学教师通常做的是文献资料研究。

　　按数据呈现形式可将研究分为三大类：质性研究、量化研究和混合研究。质性研究和量化研究的区别在于：量化研究收集的**数据是数字**，质性研究收集的**数据是文字**。两类数据都可以支撑调查研究所需要的相关资料，并非有人担心的"数字材料是科学的""文字材料是主观的"，只要是通过系统的、定期的、客观的

方式收集而来，数字和文字都可以作为实证研究的数据。

做课题的教师要根据所确定的研究问题，去寻找与本课题研究内容最为密切相关的实证资料。比如，研究问题是"教师如何在课堂上进行导入"，那么，最有说服力的数据是课堂录像或者录音。又比如，对于"学生写作中遇到的常见困难是什么"这个研究问题，可以采用作业文本分析、学生问卷调查、学生访谈等多种方法收集相关数据。

数据分析的科学性、严密性和归纳性对做课题的教师是一个比较大的挑战。由于教师的日常教学任务繁重，初做研究时往往对系统收集数据没有足够的意识，分析数据时也不够系统、严谨，经常忽略数据分析的过程或方法介绍，或者例子说明，因而在很大程度上削弱了数据分析的可信度和说服力。

因此，建议教师在明确自己课题的内容、目的和方法之后，要特别重视数据收集和数据分析这两个关键点，即：收集的研究数据是否为回答研究问题的必要材料，数据分析的方法和结果是否具有足够的说服力。这两点是最终的研究结论是否合理的不可缺少的前提条件。

做课题研究需要收集大量数据，有的老师以为数据就是数字，这其实是个误区。数据是研究者收集的各种信息，包括文字和数字两种形式。文字是开展质性研究所需的主要数据，数字是开展量化研究所需的主要数据。质性研究和量化研究是根据不同的研究目的所采取的不同研究范式。表 2-12 是对两者所做的比较。

表 2-12　质性研究和量化研究的对比

	质性研究	量化研究
哲学依据	解释主义	实证主义
研究目的	了解原因、过程	了解趋势、概率
研究对象	范围小，深入	范围大，表面
数据形式	文字	数字
数据类型	访谈转录文字，观察记录文字，教案或作业的文本分析文字	问卷调查统计数字，实验前后期的学生测试成绩分数

可见，教师在做课题研究时要注意收集与研究目的相关的各种数据，包括文字形式和数字形式的数据，这样可以为分析研究的结果提供可靠的依据。有些研究以质性数据为主，辅以量化数据，而有些研究则相反，这些都需要在研究方案中表述清楚。

在行动研究课题的实施过程中，最突出的一点是：教师需要在每个阶段收集数据之前设计干预性的教学手段，收集数据之后要及时分析，看看哪些方面达到了预期效果，哪些方面还没有达到，对没有达到的要进行有针对性的教学反思，并调整原有的教学手段或策略。正如前面所指出的那样，这个过程至少需要重复两到三次。

比如，有教师实施行动研究课题，以寻找有效教学手段指导学生掌握"在上下文中猜测生词含义"的微技能。教师通过测试、问卷调查和访谈，发现学生在猜测生词的问题上存在很多困难，于是针对这些薄弱环节阅读了相关教学文献，发现了他人的一些成果，据此制订了一个研究方案。在第一阶段，教师依据参考文献设计了"示范如何运用构词法教授学生猜词"的教学策略，改变了学生过去依赖提前预习生词、不敢猜词的习惯。经过几周教学之后，教师通过测试、访谈和问卷调查，发现学生的猜词自信心有了一些提高，但还存在准确率不高的问题。于是，教师进行了教学反思，然后调整了教学手段，增加了第二阶段中"示范如何运用语篇衔接和连贯手段"提高猜词准确率的教学策略。经过几周教学之后，她再次做了测试、访谈和问卷调查，发现学生猜词的准确率有了一些提高，可是猜词的速度还不够快。教师再次做了教学反思，又调整了教学手段，增加了第三阶段中"增加语篇阅读的练习比例"的教学策略。再经过几周教学调整之后，教师已逐步改变了原来教学时偏重学生提前预习生词的习惯，开始逐渐增加运用构词法和语篇衔接连贯手段以及增加语篇阅读训练比例的方法训练学生的猜词技能。最终，学生掌握了新的学习技能，教师则调整了原有的教学策略。

可见，教师起初制订的教学干预手段是建立在第一环节的调查基础上的，调查的方法包括测试、问卷、访谈、课堂观察、作业观察和教案文本分析中的若干种。在经过几周的实施之后，教师要收集第一阶段的相关数据，通过对比检验效果，然后调整制订第二阶段的教学手段或策略；再经过几周实施之后，再调整制订第三阶段的教学手段或策略；实施几周之后再收集第三阶段的数据，通过比对前期的数据进行分析之后，教师最终得出了研究结论。

2.3.4　比较前后数据，找到问题答案

实施行动研究课题需要经过几个阶段的数据收集、分析和对比，最终确认是否找到了有效的方法，是否解决了教学中的困惑或纠结的问题。因此，分析前后阶段的多种客观数据就显得尤为重要，包括前后期问卷对比、前后期课堂观察对比、前后期访谈对比、前后期测试数据对比、前后期作业对比等。这些数据有的反映的是学生的态度、看法是否有了转变（比如问卷调查和访谈），有的反映的是学生的语言技能是否有了提高（比如课堂观察、测试和作业等）。

最终，研究者需要把研究的有效结果与前面相关理论依据或相关文献结合起来进行深入讨论，从中发现该研究结果在哪些方面与文献研究结果一致还是类似，能否填补以往相关研究的某些空白，以及该课题研究成果对解决现实中的哪些问题有启发和借鉴意义。

本节所介绍的这四个环节体现了行动研究课题实施过程中所具有的比较鲜明和典型的特征。第一环节所包含的调查研究与第

二环节的文献阅读和制订研究方案在各种研究方法中都有体现；第三环节的三阶段数据收集和分析，以及教学反思和调整原有教学手段，则是行动研究所独有的循环式方法，其他研究（如实验、问卷调查）通常都是一次性的；第四个环节是对数据进行纵向比较，即自己前期与后期比较，不涉及与其他班的横向比较，这一点与实验研究有着本质上的区别。

第三章　测评课题行动研究的
三个案例：解读四个环节

在第二章第三节中我们介绍了行动研究课题实施的四个环节，即：**（1）调查测评诊断，确定研究内容；（2）阅读相关文献，制订研究方案；（3）反思多种数据，调整教学策略；（4）比较前后数据，找到问题答案**。本章将以中国基础教育外语测评研究基金第一期已经结题的三个课题为研究案例，剖析它们的实施过程，看一看它们是如何体现行动研究课题实施的四个环节的。这三个课题的名称见表 3-1。

表 3-1　三个课题组的研究课题

课题组	所在城市	课题名称
黄菊课题组	重庆市	基于"优诊学"的诊断性测评在高中英语写作教学中的应用（课题编号：FAR201701003）
周红课题组	石家庄市	诊断性测评用于培养高中生英语综合语言运用能力的行动研究（课题编号：FAR201701006）
王学锋课题组	太原市	基于"优诊学"的高中英语教师英语写作测评素养发展与提升研究（课题编号：FAR201701010）

从这三个课题名称上可以看出，它们都是利用"优诊学"诊断测评工具开展高中（研究对象）英语写作教学方面或提升教师专业素养方面的研究（研究内容）的。虽然题目中没有明示是用行动研究方法，但是在课题组开题报告的研究方法介绍里，都明确写到是用行动研究方法（研究目的和方法）进行研究的。笔者建议教师以后申报课题时，可以在题目中写明三个要素，即：研究对象、研究内容，以及研究目的和方法。明确研究目的和方法

是指写清楚使用的是调查研究、案例研究、实验研究、行动研究、评价研究中的哪种方法，这比让读者花费时间看了申报书或者论文中的内容才知道要省时高效。

黄菊课题组的研究内容是围绕"诊断性测评"这个工具，研究它在高中英语写作教学中的应用，其研究重点是诊断性测评工具和高中英语写作教学之间的关系。周红课题组的研究内容是"诊—教—学"这个教学模式和高中英语教师专业素养提升之间的关系，其中的"诊"包含了诊断测评。王学锋课题组的研究内容与高中英语教师的"写作测评素养"有关，包括如何运用诊断测评工具来研究教师写作测评素养提升与发展的模式。

虽然三个课题所聚焦的研究内容并不完全一样，各有各的研究目的，但共同之处是都将"优诊学"平台这个诊断性测评工具作为研究手段之一，围绕各自的研究内容，朝着各自预定的研究目的努力。本书将在第五章对"优诊学"平台做详细介绍。

3.1　黄菊课题组

黄菊，西南大学外国语学院副教授，担负大学英语公共课教学任务和英语本科师范生的实习指导教师。出于对中学英语教学工作的长期关注，她联系了重庆、成都等地几所高中的年轻英语教师，一同决定在高中英语新课标课程改革背景下，迎接高中英语新课标对整体写作教学提出的新挑战。他们选取了写作教学作为课题研究的切入点。

下面的课件资料摘自该课题组于 2019 年 4 月 20 日在第三届英语教学与测评学术研讨会上的大会发言报告**《基于诊断性测评提升高中生英语写作语篇衔接能力的教学案例研究》**，作者是西南大学黄菊与西南大学附属中学叶雯琳、彭静。此案例介绍该课题组的研究过程，"茉莉老师"为课题组中一位老师的代号。

3.1.1　第一个环节

在"**调查测评诊断，确定研究内容**"这个环节里黄菊课题组首先对所教学生进行了问卷调查，了解学生写作中遇到的困难。

评：发现问题

在学生进入高中的第一天，……英语学习中的难点，不出所料，……**写作**都是他们心中的拦路虎，（我）心里有些**期待**带他们加入写作测评素养的项目，但更多的是**慌**。

……没有勾选写作一项的孩子，……在写作方面学习方法，……写作简单的原因主要得益于初三一年对于范文、模板的记忆，**感觉是依样画瓢**。

问题感觉太多了，……学生……词汇量不够，不敢写复杂句式。写作……就是一个**大病**，但是**病因很多**。不仅是学生吧，我觉得我作为一名新手教师，……该如何对症下药提升基本上是**懵**的。

所以在项目的感召下，自己也决定得制订一套比较系统的写作教学提升的方案。

（茉莉老师的反思笔记，2018年9月2日）

图 3–1　从调查问卷中发现学生的学习难点

课题组从调查问卷中发现学生对写作存有畏难情绪，表现为词汇量不够、复杂句式缺乏、死记硬背范文等问题。随后，他们利用"优诊学"平台这个测评工具，对所教班级学生的英语写作微技能进行测试，测评数据由"优诊学"平台按照九项写作微技能逐一评定，每个项目满分为 30 分[*]，表 3–2 反映了参与测评的两个班学生参加初次写作测评的结果数据。

表 3–2　2018 年 10 月 14 日第一次"优诊学"测试：写作微技能表现

	识别语篇衔接连贯	识别语篇语言特征	内容的传达	词汇的运用	语法的运用	衔接连贯的运用	写作常规的掌握	写作字数的把握	篇章结构的把握
高一 A 班平均成绩	⑮	21	23	16	⑮	19	16	30	29
高一 B 班平均成绩	⑮	23	22	16	⑮	19	16	26	28

---

*　2020 年 4 月"优诊学"平台升级之后，每个项目满分为 100 分。

数据表明，两个班级学生英文写作中最薄弱的项目是"识别语篇衔接连贯"和"语法的运用"，成绩均为 15 分。下面是茉莉老师对第一次测评数据结果的分析。

教：解读报告、制订方案

（读"优诊学"报告后）发现学生的英语写作微技能弱项是**语篇衔接**，分析出学生对于逻辑结构把握不足，文体意识、读者意识薄弱，衔接的语法手段和词汇手段欠佳等原因；……有针对性地进行了一系列教学策略设计调整，如**思维导图梳理、问题链设计、句义整合提升、隐性衔接赏析**等，并跟踪记录学生在教学策略调整后的写作变化。
（茉莉老师的反思笔记，2018年10月21日）

……反映出学生在写作文时容易陷入要点式作文逐句翻译的误区，缺乏要点间**逻辑衔接**的意识，不知道**"为何写"**；学生在使用语言的过程中，会有意识地使用所谓高级词汇、句型，但是会忽视使用的恰当性以及为何使用、**"如何使用"**，学生的写作知识尚为空白。篇章**整体意识较弱**，不清楚各要点之间的**逻辑链**关系……对相应的逻辑衔接的语法手段、词汇手段掌握甚少。
（茉莉老师的反思笔记，2018年10月21日）

图 3-2　茉莉老师对两个班初次写作测评数据的分析

由上可见，茉莉老师及时发现了所教学生在写作方面存在的问题——语篇衔接意识薄弱，缺乏写作动机、写作策略等。这为教师接下来思考相应的课堂写作教学方法提供了重要依据。

同时，课题组结合对教师的课堂观察、访谈和调查问卷分析了他们的教学态度、教学信念和教学行为：

1. 教师更多的是让学生在课后完成写作任务，部分教师更倾向于直接让学生在课外写作。教师对于是让学生当堂还是课外完成写作任务存在分歧。教师在写作教学不同阶段的指导和重视程度上也存在认识差异。

2. 教师提醒学生注意表达多样性和把握整体结构较多，其次较为关注体裁的语言特征，但在读者意识方面的重视度还有待提升，对学生一稿多磨、教师介入性引导、学生当堂完成写作任务以及独立运用语言的要求相对要低。

3. 教学信念与教学实践存在着不一致的情况。比如在写作教学信念上，教师都认可写作要发挥交际功能的作用，设计需要真实性和意义性，但在实际课堂教学中他们更倾向于重点抓词汇使用和句型表达的正确性，即对语言表达形式规范性的重视程度要远远高于语言的交际功能或者真实表达。

对学生的问卷分析结果有以下三个方面：

1. 学生对写作整体上持较为负面的态度。学生认为写作难度较大，认为词汇量限制是写作的最大障碍，其次是难以正确使用语法。

2. 教师在日常写作教学中对语法正确性要求高，学生对于文章目标读者、文章逻辑合理性和层次性缺少思考。

3. 学生写作中的逻辑修正意识标准差较大，教师对学生写作的激励不足，教师的批改意见不够细致、充分。

3.1.2　第二个环节

在"**阅读相关文献，制订研究方案**"这个环节里，课题组为如何有效地开展高中英语写作教学找到了相关的理论依据，比如《普通高中英语课程标准（2017年版）》对处理好教、学、评的关系的要求。这些文献成为课题研究的理论框架。

理论框架

- 诊断性测评帮助教师思考教学计划、修订或者调整教学进度。（Alderson, 2005；武尊民，2008）
- 形成性评价融于课堂活动中，使学生有更多机会与老师交流，并表达个人见解，起到促学作用（Black et al., 1998），有助于学生了解其知识的不足，提供积极信息，利于学生取得进步和收获（顾永琦等，2018）。
- 测评素养包括从原则、知识、技能等维度发展评价素养。（Davies, 2008）评价素养受教师工作的社会文化环境影响，是教师基于某种形式的培训（或者在没有培训的情况下）在实践中逐步建构起来的。中学英语教师评价素养可分为四个维度：了解评价方法、掌握评分技能、关注评价效度、解读与运用评价结果。（林敦来，2016）

图 3-3　黄菊课题组整理的理论框架

在制订解决学生写作薄弱问题的研究方案时，课题组教师逐渐明确了课题研究目的、研究问题、研究步骤、研究计划、行动研究流程等。

研究目的	研究问题

研究诊断性测评在高中英语写作教学中的应用，探究课题组教师如何进行评、教、学结合的教学实践及评估其效果，以及对高中英语写作教学的启示。 1. 教师在实施诊断性测评中如何**解读测评报告**，以明确学生写作能力的弱项？

2. 教师是如何调整教学策略的？

3. 教学策略调整后，学生的变化是什么？

4. 教师"评—教—学"结合带给我们的启示是什么？

图 3-4　黄菊课题组确定的研究目的和研究问题

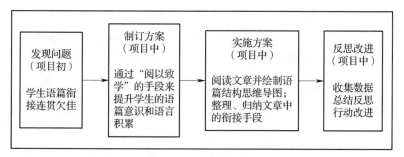

图 3-5　黄菊课题组制订的行动研究步骤

　　课题组教师分析了第一次"优诊学"测评的写作微技能数据之后认为，需要解决的问题是学生薄弱的"语篇衔接连贯意识"，研究内容也应聚焦于此。他们制订了行动研究流程图，阅读了语篇分析的相关文献，收集了学生的写作文本并进行了分析，还录制了一节英语过程性写作课并做了转写分析，从中发现高中英语写作课堂教学的主要问题有：

　　（1）段落式和翻译式的写作练习使学生写作时缺乏语篇整体感；

　　（2）地道的英文文章极少用显性的衔接手段，而以隐性衔接居多，但应试型的作文题中学生很难运用隐性衔接手段。

　　最后，课题组分析归纳出学生写作中存在的主要问题有"结构和语言"两个方面。前者的表现是没有过渡衔接、分段不合理、没有结尾，后者的表现是语言表达不当、语法错误等。课题组决定首先解决写作课堂教学中的两大问题：高中英语课堂写作教学开展较少，以及学生书面产出能力较弱。针对学生在英语写作中暴露出来的普遍性问题，课题组在制订**下一阶段**的教学干预方案之前认真查阅了文献资料，以便找到相关参考方案。下面这个文献就对他们很有启发。

　　……（Scaffolding Literary in Academic and Tertiary Education）专项研究。该项目强调教师在让学生动手之前，先通过师生互动和学生阅读来解构范文，然后与学生协同写作更多范文，在此过程中使学生掌握语篇的整体结构和语篇中各个阶段的词汇语法特征，最后在确保学生能够独立完成该语类写作时才让其动笔。（张先刚，2013）

　　至此，课题组开始第一阶段行动计划的制订、实施与调整。他们的教学干预手段有四点：（1）让学生大量阅读语言地道的文本；（2）扩大词汇量；（3）完善学生的语法知识、修辞方法并尝试运用到写作中；（4）加强拼写练习，学会正确使用标点，培养修改作文的习惯。与此同时，课题组计划将阅读课教学与写作课教学合为一体，设计了课堂读写教学的行动方案。该方案的五个重点是：篇章结构，衔接与连贯，句子基本结构，句式变换，非谓语动词。

教：制订方案

1. 教师设置问题链，引导学生思考各要点间的**逻辑关系**。

2. 巧用语法整合句义，引导学生感知体会如何通过语法手段整合句义，使句间衔接紧密，过渡自然，语言简洁富于变化。引导学生从表意出发，还原句间内在**逻辑**；适当使用从句、非谓语、**with**复合结构等**语法**手段。

3. 仿写赏析隐性衔接，补充一些阅读材料，来源有改编自外网的文章、配套阅读练习材料等，给学生更多输入地道原生资源的机会；引导学生在梳理文章结构时注意关键性用词的过渡衔接作用。

图 3–6　实施研究后设计的新教学方案

教：实施方案

现在还是有一些方法，比如说，我刚上了一节写作课教如何做同伴评价，一些学生根本就没办法写一个完整的句子，也不知道怎么去改同学的东西。

经过那次较为细致的师生反馈后，学生对自身写作中的问题有了初步的认识，作为新手教师，这也是我对自己写作教学测评素养培养的一次尝试，但是存在的问题在于：学生互评容易受主观因素影响，准确性不高；教师的工作量依然很大。（茉莉老师的反思笔记，2018年9月22日）

图 3-7　课堂教学干预后的教学反思 1

教：实施方案

磨课即磨炼，成课即成长……无疑我是幸运的，遇到了对新教师培养十分给力的年级组，遇到了我信任有加的黄菊老师，遇上了诊断性测评研究项目，让教学尚不成熟却有日渐被琐事吞噬掉自我提升时间的我，"逼"了自己一把……逐步提升了教师对于写作课的认识，于自己也是一次写作测评素养的提升。（茉莉老师反思日记，2018年11月29日）

整个课堂我受益最大的是这几天老师们带我一起磨课的过程。……有点儿慌张，……自己的一次成长，……思路有很大的改变。之前对读写课更多地注重语言支架，给学生搭好结构支架，更多地局限在浅层层面，在学生思维方面没有很深的见解。这个过程中我的师傅应老师和课题组主持人黄老师给我找了很多资料案例，给我很多灵感。这节课更多地注重了对写作技巧和对文本功能的渗透。我觉得自己最大的变化是对于写作课的认识，自己思路的局限逐渐在这个过程中打开了，很感谢有这样一次学习的机会。（对茉莉老师的访谈，2018年11月22日）

图 3-8　课堂教学干预后的教学反思 2

由上可见，课题组在这个环节开展的文献阅读和研究方案设计是富有成效的。课题组教师首先系统了解了测评素养的概念，准确理解了诊断性测评的内涵和行动研究方法的规范开展过程，对第一个环节的调查数据做了细致分析，在确定了学生语篇衔接连贯上的薄弱表现之后，参照相关文献（如张先刚，2013）制订了有针对性的教学干预手段（见上页第三段中的四点教学计划和方案中的五个重点）。

3.1.3　第三个环节

在"反思多种数据，调整教学手段"这个环节里，课题组按照所制订的研究方案有序展开。下面是茉莉老师在第一轮教学干预过程中所做反思的教师日志内容。

教：读写汇报课，实施方案

我本来选择了外研社必修一第六单元的cultural corner的副课文作为教学材料，旨在设计成一节读写结合课/以读促写课。最初的设计是一节通知文体的写作课……在选材上太受限制，一心想着要跟进本身课程进度，并没有充分考虑课文的文体语体特点，也没有真正考虑到我班学生首次做了"优诊学"写作测评后，报告显示出的学生写作分析技能能力（目前学生较为欠缺的能力是语篇逻辑衔接，识别语篇语言特征，语言表达的丰富性和准确性）。于是，在考虑以上问题后，对最初的课例设计做了全盘推翻，开启了plan-B ——第二轮课例设计。（茉莉老师反思日记，2018年11月29日）

图3-9　反思新的教学方案1

教：制订方案

……不管是课后随笔的观点书写还是片段练习，……语法错误做少量标记，……以鼓励学生尝试写作为主，……表达的自信，更倾向于鼓励学生使用课堂学习过的语言，……特别勾画学生独特的思想表达，并简单地批注一些我的看法，和学生进行简单的书面"交流"。（茉莉老师的反思笔记，2018年10月22日）

上写作课本身是比较好操作的，一般是读写结合。但是学生写完之后的一系列问题以及到底如何帮助学生提高他们的写作，还是很困惑。我现在还在改学生的作文，都不想发给他们了，因为时间拖得太长了。缺乏过程性写作的策略，反馈什么，如何反馈，缺少及时反馈。（2018年12月24日田野笔记）

图3-10　反思新的教学方案2

从这一轮的教学干预过程中，我们看到教师边教学边反思，同时收集了许多相关数据（如学生写作测试成绩、教师反思日志、课堂观察、学生访谈、学生日志等）。

表3-3的写作测评数据清晰表明，茉莉老师所教学的两个班级，在"识别语篇衔接连贯"和"识别语篇语言特征"两项上的成绩均有明显提升，说明教师的教学干预手段发挥了较大的作用。课题组教师随之对教学继续做了反思和调整。

课题组教师在第三个环节的研究方案实施过程中，通过三轮教学不断收集测评结果和学生的有关数据，持续反思自身的写作教学策略，及时调整教学手段。三次写作测试数据表明学生的写作微技能有明显提高，由此可见，行动研究过程明显发挥了"行动—反思—调整"的不断循环的作用。

表 3-3 教学干预后两班第二次、第三次写作测评成绩

	识别语篇衔接连贯	识别语篇语言特征	内容的传达	词汇的运用	语法的运用	衔接连贯的运用	写作常规的掌握	写作字数的把握	篇章结构的把握
高一A班第二次成绩	⑯	⑮	23	17	15	19	18	26	24
高一A班第三次成绩	⑲	㉑	23	16	15	19	16	30	29
高一B班第二次成绩	⑯	⑫	23	16	15	20	17	23	22
高一B班第三次成绩	⑱	㉓	22	16	15	19	16	26	28

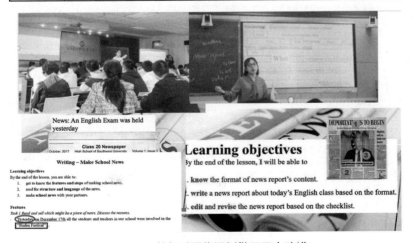

图 3-11 教师对写作课例做了三次改进

课堂观察

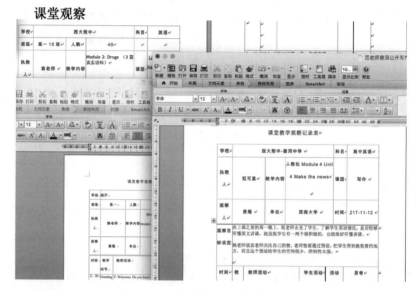

图 3-12　对写作课堂继续进行观察

学：学生变化

从这两次"优诊学"测试结果来看，班级的写作水平稳中有升……通过提升综合性教学策略，学生各项微技能中，识别语篇衔接连贯、识别语篇语言特征和篇章结构把握几项取得了较大进步，而词汇、语法运用仍为弱项，仍有待继续改进。该系统有很强测评效果，现在越来越喜欢和感兴趣。（茉莉老师对报告解读的反思，2019年3月29日）

最大的改变是学生们喜欢上了写作表达……XX是中等生，写作提高进步很明显……在几个地方对他有点拨，看分析报告，找微技能存在的问题，然后对症下药，他写作进步很大，很稳定了……（教师访谈，2019年4月11日）

图 3-13　学生写作微技能的变化

3.1.4　第四个环节

在"比较前后数据，找到问题答案"这个环节里，课题组经过三个阶段的研究，最终提炼出了研究结果，作为回答研究问题的答案。

在研究的三个阶段也就是三轮教学中，课题组教师注意收集写作课教学内容与方法、学生写作能力、教师写作测评素养变化上的数据，内容包括学生的学习日志，教师或研究者的课堂观察，以及教师的反思日志等，据此提炼出行动研究的效果。

写作课的教学活动变化从学生的书面日志中也得到了佐证，比如，学生对写作课堂上教师"增加了组内讨论与合作"及"提供作文框架作为提示"的反馈非常正面。

- （老师对于）组内合作想的建议比自己想得要多，我觉得这样挺好。而且老师给出了作文的框架，如果不给的话，我可能做不到结构完整、层次清楚。（学生日志，2017 年 9 月 14 日）。
- 老师给出了作文的框架，就是把建议的内容填进去就可以，比较简单。老师如果不给出框架，我也能做到结构完整、层次清楚。（学生日志，2018 年 9 月 14 日）

这两段学生的日志反映出，教师在写作课堂上注重结构或者框架处理和引导，经过一年的课堂教学，学生已经形成了清晰的写作结构意识。这表示课题组教师不断调整的干预性手段发挥了良好的指导效果。下面的学生日志也表明他们在写作过程中比以往更为关注几个方面，比如文章的逻辑性、语言表达、写作基础知识等。

- 在最后一个改写文章的任务中，我能看出来原来的文章逻辑混乱，也能做一些修改，但改后的效果并不是很满意，第二天看到老师给的范文的时候，还是觉得范文比我改得好太多。以后还得多多练习。（学生日志，2017 年 11 月 25 日）
- 任务一对应的练习有的没有做对。基础知识掌握得不太好。（学生日志，2018 年 5 月 23 日）

日志反映出学生的写作态度明显比过去认真。此外，课题组对学生也做了问卷调查，结果显示大多数学生认同"优诊学"平台，认为平台：（1）有助于提高学生的自主学习能力；（2）能帮助学生拓宽学习思路；（3）对学生的写作能够起到促进作用；

（4）使学生反思自己的问题并完成"优诊学"提供的提高练习。学生的写作测评成绩和问卷调查的数据都表明，课题组在写作课堂的教学干预达到了预期的可喜效果，学生的态度是积极的。

课题组教师在研究过程中一直记录自己对写作教学的反思，通过提炼反思内容他们的写作教学理念获得了提升。以下内容出自教师的反思日志。

> ● 学生确实知道了要变换不同句式来丰富表达，但运用得不是很自如，以后还要巩固句式等基础知识。（教学日志片段，2017 年 12 月 30 日）
>
> ● 下次再教这个微技能，我会分多节课进行过渡词的教授，每节课教一部分，进行充分练习，避免多吃嚼不烂的情况出现。（教学日志片段，2017 年 11 月 25 日）

这些教师反思日志表明，课题组教师对学生的写作练习研究得非常细致，而且更多的是从学生内化和吸收的角度来考虑自身教学方法的微调，体现了教学观念的更新。

研究启示

教师方面

- 诊断性测评有说服力，有助于设置合理的教学重点，帮助学生调整学习策略；
- 诊断性测评对教师的教学反思能力有提升作用；
- 教师的专业发展对提升测评素养有需求，如教师评价方法的转变，多元评价结合，确定评价内容的能力，选择适当评价内容，解读数据和根据数据调整教学；
- 评是基础，教是教师的改变，学是学生写作能力逐步发展；
- 教师的写作教学将语篇衔接微技能训练渗透在听说读写教学中。

研究者方面

- 研究者如何与教师、学生进行互动，建设学习共同体。

图 3-14　研究结果和启示 1

课题组在这个环节中针对写作教学的薄弱地带进行干预，收到了良好效果。通过对三轮教学测评的反思和调整，教师最终找到了指导学生提高写作微技能成绩的有效策略，达到了研究课题

研究发现

"优诊学"系统方面

• "优诊学"分析报告和教师点评相结合，帮助学生解读自己的评分报告，寻找有针对性的学习方法，制订合理学习计划；

• 更充分地发挥"优诊学"系统促学促教的作用，用好"优诊学"系统提供的写作策略问卷、教学计划表等辅助工具；

• 学生解读测评报告的能力有限，更多关注的是分数，而对测评报告反映出的写作微技能的不足、建议，以及如何运用建议，并没有充分理解。

图 3-15 研究结果和启示 2

预期的改革高中英语写作教学的研究目标。教师对写作课堂教学方法的改进与完善，不仅提高了学生的写作微技能，也提升了教师的写作测评素养和教学反思能力。

黄菊课题组的高中英语写作教学研究案例，对同行开展类似研究（如其他语言技能的改善）具有如下三点启发意义：

1. 写作教学理论、测评理论对高中英语教学具有重要指导作用。课题组的几位教师在主持人组织下，系统地学习了英语写作教学和测评方面的相关文献，这对他们开展写作教学与测评方面的研究具有难以低估的方向引导价值。

2. 此研究体现了行动研究过程对循环实施、不断反思和调整教学设计的要求。课题组先通过调查测试找到写作教学存在的问题，然后通过文献阅读参考他人做法，再制订相关的写作教学干预措施，此后通过前后测试和问卷调查等手段对比效果，反思和调整教学策略，判断是否真正解决了问题，再进行第二次教学设计，再评估效果，再调整。

3. 此研究重视数据支撑的重要性，通过"优诊学"测试、学生问卷、课堂观察、学生日志、教师反思等方式收集了各种数据，在分析数据的基础上比较前后效果，及时发现问题和调整教学策略，增强了教师开展教学研究的自信心。

3.2　周红课题组

周红，河北省石家庄市教育科学研究所高中英语教研员，曾任教中学多年。她了解到当地很多高中教师都把主要时间和精力用在课堂教学、学生辅导、考试评卷等方面，缺乏教学研究的意识。

在得知外研社开发了"优诊学"测评工具之后，周红老师组织石家庄市四所高中英语科的部分教师建立了大课题组，然后分别针对阅读、听力、词汇和语法、写作教学专题分成四个子课题组（见表3-4），希望基于"优诊学"诊断测评平台摸索建立有效的专题教学模式。下面的资料来源于课题组于2019年4月20日在第三届英语教学与测评学术研讨会上的大会报告材料《"诊—教—学"模式研究与高中英语教师专业素养提升》，作者是石家庄市教育科学研究所周红、石家庄二中实验学校施东梅、石家庄十五中王海平。

表3-4　周红课题组下分的四个子课题组的研究专题

石家庄二中	石家庄二中实验学校	石家庄十五中	石家庄四十二中
阅读教学模式	语法和词汇教学模式	听力教学模式	写作教学模式

3.2.1　第一个环节

在"**调查测评诊断，确定研究内容**"这个环节里，课题组首先运用"优诊学"测评工具，对参加课题研究的几所学校的高中学生，在语言知识运用（语音、语法、词汇、语篇）、语言能力（听、读、写）上进行了测评。四所课题校"诊断测评课题研究"的实验班学生在学年初、学年中、学年末参加"优诊学"网络平台诊测，之后师生会收到"听力""阅读""词汇""语法""写作"以及"综合"项的数据报告。下面是几位课题组教师在所教班级第一次参加"优诊学"测评后向课题组提交的部分文字资料。

二中（负责阅读专题的）孟老师写道：

我校属于偏理科型，从学生到学校对理科课程非常重视，学生大部分时间都花在理科学习上，英语等文科处于劣势。学生在英语上投入的时间和精力都很少。此外，阅读材料比较单一，除课本阅读外，其他课外阅读材料补充得不够。总体来说我校学生在阅读方面的弱项为：获取主要观点（低于20分），句间逻辑（低于20分）。

十五中（负责听力专题的）钱老师写道：

……在这里我着重分析学生"听力微技能"方面的诊断结果。我班大部分学生在"主旨大意"和"主要观点"方面得分偏低，在"获取细节"方面尚可。这说明，学生在听取信息时把主要注意力放在了"细枝末节"信息的获取上。这可能和平时教学中我较多时候让学生去尽力听清每一个词有关，今后的听力训练中一定要改正这个做法。要让学生在第一遍听的时候，尽最大力量去抓住文本的"主旨大意"，推断文本的"主要观点"。到第二遍听时，再去抓细节问题。

二中实验学校（负责词汇语法专题的）姜老师写道：

高二（13）班一直处于重点班领先位置，但测评还是反映出需要加强的地方很多。班级最高分117，最低分73。学生层次差别较大。其中语法知识各项平均分如下（说明：每项微技能满分为30分）。

倒装与强调	非谓语动词	时态	虚拟语气	主从复合句
19	17	21	9	18

对于高一已讲过的非谓语动词和主从复合句，班级得分较低，掌握不扎实。对于平时简单涉及但未系统讲

过的倒装与强调还有虚拟，平时虽有渗透但不系统，得分也不高。

四十二中（负责写作专题的）许老师写道：

> 高二（8）班"优诊学"写作微技能第一次测试各项平均分情况是（单项满分为 30 分）："写作字数"和"篇章结构的把握"都是 29 分，"内容传达"是 22 分，"衔接连贯的运用"是 19 分，"识别语篇衔接连贯"是 18 分，"识别语篇语言特征"是 17 分，"词汇""语法""写作常规"都是 15 分。从这些数据不难看出，学生的语言基础还是弱项，学和用严重脱节。这也暴露出在平时的教学中，我们可能更多地侧重了知识的传授，学生也是重输入轻输出，忽略了学习语言的真正目的。

由上可见，教师们都发现学生在语言知识和语言微技能的学习上存在不少问题，同时也开始思考和寻找造成这些现象的原因。这为后续阅读相关文献、制订改进教学的措施奠定了一定基础。

周红课题组紧紧围绕"诊—教—学"模式和"高中英语教师专业素养"开展第一环节的调查，有效利用"优诊学"平台这个测评工具和观察、访谈等其他手段，从各种数据中精准发现学生的薄弱之处和教师面对的挑战，为接下来研究如何参考相关文献进行有针对性的教学干预性手段的设计和研究相关教学模式，提供了研究内容的前提。

3.2.2　第二个环节

在"**阅读相关文献，制订研究方案**"这个环节里，老师们在课题负责人带领下，针对第一环节调查中收集到的问题思考了以下内容：如何在高中英语教学改革实践中落实新课标对评价的要求？能否建立英语教学研究的"学习共同体"，以课题为途径促进区域内英语教师队伍教学素养的提升，从而提高教学质量，帮助师生共同成长？

　　课题组成员借助四个子课题组建了"学习共同体"，力求促进教师之间的沟通交流、同伴互助，集体探讨每个阶段的行动计划与教学调整方案，增强团队的凝聚力，共同实现研究目标。自2017年8月诊断测评课题开题后，四个课题小组根据各自的研究主题分别搜集了关于高中英语阅读、听力、语法、词汇、写作教学相关的文献，集体购买了《英语教师行动研究——从理论到实践》《英语课堂教学策略——如何有效选择和运用》《朗文英语教学实践》《英语测试的理论与实践》《英语课堂用语手册》等书籍，订阅了《英语学习》（教师版）、《中小学外语教学》《中学外语教与学》等杂志。"学习共同体"定期集体学习教学理论，写出读书心得，将学习收获与反思记录下来，加强自身理论知识储备，并将一些好的做法、新的思路融入教学实践中。

　　各专题小组还定期进行课堂实录，通过自我观察、同伴评课不断发现问题、调整改进。这无形中也互相传递了先进的教学理念。研读理论书籍、学术论文，不仅提升了课题组成员的教学理论水平，还为下一步课题研究在课堂中的落实指明了方向。语法小组的姜老师在参与文献阅读和子课题组讨论之后做了一些教学策略的调整。鉴于"理科班学生特别喜欢科技文章，尤其是最新最前沿的AI，我就帮助寻找网上相关话题的英文报道，这些原汁原味的报道词汇量大，句法结构复杂……一段时间后，学生的阅读能力、词汇量，还有语法能力都有了大幅提高"。她班上学生的第二次、第三次测试结果都有进步。

　　听力小组的王老师在前测诊断数据中发现，学生获取细节信息的能力和理解主要观点的能力有待加强。于是，在接下来的听力课堂教学中，王老师围绕这两项较弱的听力微技能来设计教学环节。诊断测评反馈报告使教师对整个班级乃至每个学生的语言学习情况有了全面清晰的了解，接下来制订的教学计划使课堂"补救教学"有的放矢，取得了事半功倍的效果。

周红课题组在这个环节里，重视组织各个子课题组的教师，围绕各自负责的专题内容开展新课标和教学理论的学习，根据测评结果制订教学补救措施，为她们后期确立"诊—教—学"的教学模式摸索了相关教学干预手段。

3.2.3　第三个环节

在"**反思多种数据，调整教学策略**"这个环节里，周红课题组的"学习共同体"定期开展多种多样的教学研讨活动，将好的教学理念传递下去。她们进行课例展示、教学反思，不仅提升了自身专业素养，也促进了区域教研的有效开展。

石家庄二中（负责阅读专题）的教师首先进行"优诊学"测试，发现了学生在阅读微技能上存在的薄弱环节，然后通过集体备课交流、学习讨论，制订了相应的阅读教学方法，在实施一段时间之后再通过"优诊学"平台检测教学效果。下面是该校课题组一位老师的自我反思记录。

> 在学生参加完高三上学期诊断测试后，我根据"优诊学"检测出的学生在阅读方面的弱项（理解上下文逻辑和句间逻辑，衔接、连贯），制订了一系列针对性较强的补救措施。学生经过一个学期的学习、调整，第二次测试结果显示我们班学生在理解上下文逻辑和句间逻辑，衔接、连贯（上学期为弱项，平均得分 13 分）上已经有了较为明显的进步（平均 26 分），充分说明在"优诊学"精准把脉的基础上，教师可以做出及时有效的补救，能够大大提升学生的学习效率。但是学生在文章主旨大意的理解和推理判断方面还有所欠缺（得分为 17 分和 20 分），所以这学期需要调整自己的教学安排，制订出行之有效的行动计划。（二中，孟建芳老师）

石家庄二中实验学校课题组（负责语法与词汇教学专题）通过"优诊学"系统了解到实验班级的学生普遍存在词汇学习上

的弱项，他们通过问卷调查、学生访谈、学习日志等找出症结，并根据新课标和语言知识教学的相关理论，设计了相应的教学方案进行弥补和提升。下面是该校课题组一名教师的自我反思记录。

“优诊学”测试给我最大的收获就是它是诊断学生英语各项能力弱点的在线测试工具，通过反馈报告我能够很清楚地看出班级整体在哪些方面弱，每个学生在哪些方面弱，这就为调整教学计划指出了方向……最后，是反思自己的语法教学。如何更有效地上好语法课，创设好语法的情景，让学生觉得语法不是枯燥与脱离生活的，而是有趣又有用的，这是我近期一直思考的一个问题。我觉得，第一是要在语法课堂上多呈现相关情境，让学生从中去探究发现，进行归纳总结、操练巩固，灵活地运用科学的语言习得规律来学习。第二，要把语法教学渗透在平时教学的各个环节，不仅仅是阅读当中，也要从听力、口语、阅读、书面表达等多方面入手。（二中实验学校，姜霞老师）

石家庄十五中（负责听力专题）课题组的教师前后三次对学生进行了“优诊学”测试，发现了学生在听力微技能上存在的几个薄弱环节，然后通过集体备课交流、学习讨论，确定了相应的听力教学方法，在实施一段时间之后再通过“优诊学”平台检测教学效果。下面是该校课题组一位老师的自我反思记录。

通过对比学生们在高二第一学期（2016.10）、高二第二学期（2017.3）和高三第一学期进行的三次“优诊学”平台诊断测试反馈报告，我发现学生们在词汇、听力方面有很大突破……学生失分的原因归纳为四点：听力材料的不可复听性，听力材料单一，听力信息捕捉方法欠缺，听力能力的片面性。（十五中，张君赞老师）

该校王海平老师在前测诊断数据中发现，学生获取细节信息的能力和理解主要观点的能力有待加强。于是，在接下来的听力课教学中，王老师有意识地针对这两项较弱的听力微技能来设计教学环节。此后的诊断测评反馈报告表明，王老师开展的有的放矢的课堂"补救教学"取得了事半功倍的效果。

石家庄四十二中（负责写作教学专题）课题组教师在两年时间里，对学生前后进行了三次"优诊学"测试，发现了学生在听力和写作微技能上存在的若干薄弱环节，然后通过集体备课交流、学习讨论，制订了相应的教学策略，在实施一段时间之后再次通过"优诊学"平台检测教学效果。下面是该校课题组一位老师的反思记录。

> 通过"优诊学"平台诊断测试反馈报告，我发现学生们在一个学期的学习后，写作上的 9 项微技能，除识别语篇语言特征外，有 8 项都有了进步，写作能力平均分由上学期的 18 分上升到 22 分……写作成绩的提升得益于上学期诊断测评后采取的及时补救措施，如注重了衔接连贯、识别语篇衔接连贯的教学活动，所以学生在文章衔接方面有了一些进步。（四十二中，张彦芳老师）

在这个环节里，周红课题组在参考前期相关理论和文献的基础上，分别由各子课题组进行了多轮的教学策略的设计、反思和调整，并不断收集相关数据进行分析，教学模式有效，是一个循环式的过程。

3.2.4　第四个环节

在"**比较前后数据，找到问题答案**"这个环节里，周红课题组根据不同的研究专题，通过不断反思和更新教学观念与教学行为，有的放矢地开展了富有成效的教学，最终找到了相关的教学模式。在课题研究中，四个子课题组逐渐创造了有效的高中英语"诊—教—学"新课堂教学模式，一步一步地形成了英语教与学的良性循环。

首先，教师利用"优诊学"平台进行诊断测评，详细了解学生学习情况；

然后，教师实施课堂观察，制订行动计划，在教学中弥补学生弱项；

最终，教师反思与改进教学，实现与学生的共同成长。

课题组结合教研活动和课题定期集中组织学习和交流，成员对诊断测评、行动研究、教学理论、课堂设计等有了更加深刻的理解。各子课题组教师组成的"学习共同体"促进了教师之间的沟通交流、同伴互助，集体探讨每个阶段的行动计划并进行教学调整的举措增强了团队的凝聚力，同时也提升了教师们的英语专业素养和教学效果，学生成绩有所提高。教师在发现问题、解决问题的过程中，反思了自己以往的教学观念，更新调整了一些教学行为。经过两年的课题研究，课题组成员在英语教师专业素养的各个方面——英语语言知识、语言技能学习、课标的学习、测评理论的学习，以及教学反思能力——都有明显提升。这种提升主要表现在：

1. 优化了教师学科专业知识

词汇课题组的教师通过关注词汇的发音、构词法，在英语听、说方面的技能以及音位学、形态学等语言学知识方面取得了很大进步；通过开展话题语境教学，教师更加重视语篇和词汇的话题功能；通过扩展课外阅读，教师提升了阅读技能，并且对英美文化知识、跨学科知识和社会文化知识有了更多的了解，开阔了眼界。

2. 提升了教师的教学能力

在课题研究的不断摸索中，课题组成员学会了正确处理课标、教材、教学方法、信息技术以及学生等诸多因素的关系，并且通过教学实践、专家指导、学生访谈、分析学生日志等形式不断反思，教学能力得到提升。在课题研究过程中，课题组成员在各种交流平台上做观摩课、说课和经验分享，其中石家庄二中实验学校施东梅老师的一节"基于课外阅读的词汇课"被评为中国教育学会外语教学专业委员会第 20 次学术年会优秀课例，她本人也应邀在年会上进行了说课展示。

3. 提升了教师的科研能力

课题在研究中得到了武尊民教授、顾永琦教授、朱晓燕教授等专家的下校指导，课题组成员中也有人出席了全国性的测评学术会议。所有成员更是认真研读了相关专业理论书籍，撰写了教学日志和论文等，教师的教学科研能力得以提升。其中，施东梅老师的论文《基于多模态理论的高中英语词汇教学探究》、杨贵彬老师的论文《一节阅读课例的设计过程及引发的思考》还发表在了《教育实践与研究》期刊上。

4. 促进了教师测评素养的提高

参与诊断课题研究之后，教师的测评素养得到逐步提升。词汇小组的老师们在考虑词汇测试考什么词、怎样考时，需要弄清楚词频、核心词汇、语法词和词汇词、积极 / 产出性词汇和被动 / 接受性词汇等概念（武尊民，2003），不同的词汇需要不同的测试方式。通过对"优诊学"诊断试题方法的研究，老师们开始关注试题的难度、不同题型的设置、干扰选项的设置以及真实语境的选择。通过分析测试反馈报告、研读学生日志、进行学生访谈等，教师在学生评价方面也有了更多的思考和更清晰的认识。

周红课题组在这个环节里，围绕不同专题内容（如阅读、语言知识运用、听力、写作等），结合助力教学的"优诊学"测评工具，反思自己的教学、调整教学策略、评估教学效果、再反思、再调整，经过几个阶段反复摸索，最终找到了适当的教学模式。

3.3 王学锋课题组

王学锋，太原师范学院外语系英语教授，长期从事高年级师范生写作课程的教学工作，曾主持过多项国家级和省市级研究课题，有多篇论文发表在各级各类专业刊物上。怀着对基础教育的满腔热情，她组织太原市几所中学的一些英语教师和市英语教研员，一起申报了中国基础教育外语测评研究基金的第一期课题。下面的资料来源于课题组在 2019 年 4 月 20 日于第三届英语教学与测评学术研讨会上做的大会报告**《基于测评素养的高中英语写作教学形成性评价课堂实践》**，作者是太原师范学院王学锋及太原五十三中张向华、梁美婷。

3.3.1 第一个环节

在"**调查测评诊断，确定研究内容**"这个环节里，王学锋课题组通过课堂观察和访谈，将对高中英语教师写作测评素养的调查结果汇总如表 3-5 所示。

表 3-5 对太原市高中英语教师写作测评素养的调查分析

	评价目的 / 方式 / 语言 / 标准 / 错误标识 / 写作练习的频次 / 效果
1	对学生英语写作测评的目的不明确；评价标准不清楚，诊断性不强
2	分数、等级、日期
3	书面反馈不及时、内容不具体，缺乏描述性反馈；评价语言贫乏，学生不明白应该如何改进
4	缺点说得多，激励性语言少
5	语法错误改得多，其他写作维度问题改得少
6	很少让学生自我评价或同伴评价，担心学生的评价能力；评价手段单一
7	对学生当面批改的机会少，不能考虑个体差异

以太原育英中学高二年级曹老师 2018 年秋季学期两次"优诊学"英语写作测评数据为例：

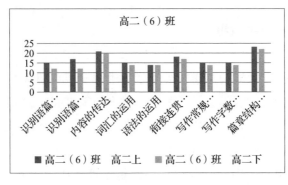

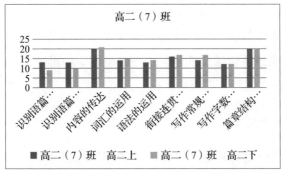

图 3-16　2018 年秋季学期两次"优诊学"英语写作测评数据

图 3-16 表明，在 2018 年秋季学期，教师对育英中学高二
(6) 班和高二 (7) 班利用"优诊学"平台进行了两次英语写作测
试。数据显示，6 班学生英语写作 9 项技能成绩与第一次相比呈
整体下降趋势，特别是识别语篇衔接连贯和识别语篇语言特征两
项最弱，由第一次的 15、17 分降至 12 分。7 班学生第二次测试
其他各项均优于第一次测试情况，但识别语篇衔接连贯和识别语
篇语言特征两项由第一次的 13 分降至 9、10 分。因此，2018 年
秋季学期，高二 (6) 班和高二 (7) 班在两次"优诊学"英语写
作测试后，诊断出的主要问题在于识别语篇衔接连贯和识别语篇
语言特征方面。

课题组教师分析了事情的原因，发现由于本学期教学任务较
重，授课教师对学生**在写作方面的训练数量有所减少**。6 班和 7

班作为理科班，"重理轻文"的情况比较严重，许多学生过于重视数理化等理科课程的学习。由于对英语学科重视不足，加上写作题目千篇一律，学生对英语写作的兴趣不高，无论是课堂表现还是作业完成情况都不理想。此外，**学生英语阅读量不足也是一个重要原因**，由于态度问题和自身的惰性，学生的阅读量没有达到要求。输入的不足导致输出的贫乏，语言单调，言之无物。另外，阅读量的不足也影响到学生对于语篇特征的识别。

课题组通过对高中英语写作教学做的调查和写作测评，对情况有了一个基本分析。

一、学情分析

● 太原五十六中是普通高中，学生的高中英语入学成绩不高，基础比较薄弱，大多数学生不重视日常的语言积累，对英语写作的热情较低。

● 部分学生消极应对，没有养成学习英语的好习惯，缺乏思考的主动性。

● 大多数同学在写作中，基本的词汇和语法都不能准确运用，更谈不上篇章和语篇的层次。大多数学生的学习达不到课标要求。

二、教情分析

在高中英语课堂教学中，写作一直是困扰英语教师的难题。由于新课标的核心素养观念尚未深入人心，目前高中英语写作的评价方式主要是教师全批全改，然后课堂上讲评。大部分教师采取的评价模式是：评价＝纠错＋分数＋评语，讲评＝归纳错误＋展示佳文。这样的评价方式过于注重分数，忽视了帮助学生学会书面表达，从而提高写作积极性，达到用文字交流的目的。

王学锋课题组紧紧围绕"教师写作测评素养"的"发展和提升模式"开展第一环节的调查，有效利用"优诊学"平台这个测评工具和观察、访谈等其他手段，从各种数据中准确发现学生学习的薄弱之处和教师写作测评素养的现状，为接下来研究如何参考相关文献进行有针对性的教学干预性手段的设计，提供了研究内容的前提。

3.3.2　第二个环节

在"**阅读相关文献，制订研究方案**"这个环节里，课题组教师认真学习了四个方面的理论依据：一是《普通高中英语课程标准（2017 年版）》中的"评价建议"内容；二是诊断性测评理论；三是与写作测评素养密切相关的高考英语写作评分标准；四是行动研究方法。

一、《普通高中英语课程标准（2017 年版）》对"评价建议"的要求是：基于英语学科核心素养的教学评价应以形成性评价为主并辅以终结性评价，定量评价与定性评价相结合，注重评价主体的多元化、评价形式的多样化、评价内容的全面性和评价目标的多维化。形成性评价重视从学生的日常表现中提取信息，通过收集学生日常学习的情况和教师指导的情况，以及课堂教学气氛的信息，帮助教师了解每个学生的学习情况和学习需要，以便教师随时调整教学内容和方法，从而提高课堂教学效率。

二、课题组系统学习了诊断测评的相关概念。诊断性测评也叫教学测评或者前置测评，通常用在教学活动之前，以学生的知识程度、专业技能等为评价对象，以此了解学生的实际水平及准备情况，进而判断学生对于新教学目标的适合程度，以加强教学活动对学生需求和背景适应性的了解，从而为教学决策提供依据。诊断性测评的特点是：（1）测评内容的针对性；（2）测评过程的连续性；（3）测评结果的保护性；（4）测评分析的系统性。通过测评，教师可以从表面特征出发，深入查找存在的问题与原因，进而提出下一步的改进策略和方案。

诊断性语言测评是教师课堂教学的重要组成部分。课堂多元化评价可提供诊断性测评信息，是教师教学决策的重要依据。恰当使用诊断性测评信息可以帮助教师做出合理的教学决策，保障好的教学效果。已有的由专业人士研发的诊断性测评体系可为一般语言学习者提供服务。教师将诊断性测评与课堂教学结合，分析解释诊断性测评信息，可使教师决策增强目的性，同时也有利于学生及时调整学习策略（武尊民，2017）。国内对诊断性测评的研究数量比较少且分散在管理学、教育学方面，高中英语教学方面的研究成果更加稀少（周红，2017；蔡春桃等，2018）。在这种情况下，"优诊学"测试工具对于英语写作 9 项微技能的测试，注重能力的考查和培养，而且提供教学反馈，有助于提升教师测评素养，是一个很好的资源。

三、课题组对高考英语写作部分的测试要求进行了研究，发现最主要的要求是内容要点的覆盖、语法结构和词汇的多样化，以及语句间连接成分的有效使用。

四、课题组学习了行动研究的定义：（1）行动研究是一种系统的、反思性的探究活动，其核心是自我反思；（2）教师针对自己教学中的问题直接参与调查与研究；（3）行动研究需要一系列的步骤来完成；（4）其目的是改进自己的教学实践，使教学达到最佳的期望和效果，同时提高行动研究者自身对教育教学过程的理解和认识（王蔷等，2014）。课题组通过学习还认识到了，行动研究的过程包括计划、实施、观察和反思（Kemmis et al.，1982）。

虽然已有的综述文献和研究成果各有侧重，但这些对高中英语写作课堂的研究大多未结合诊断性测评及行动研究，或者只结合了其中一个方面，因此，课题组决定在研究视角上将高中英语写作课堂与诊断性测评以及行动研究有机结合起来。

在课题的研究设计中，课题组提出了三个思考问题。

问题一：高中英语教师对学生课内外英语写作测评采用哪些方法？

问题二："优诊学"在线诊学系统对提高学生英语写作能力、对发展与提升高中英语教师英语写作测评素养有何帮助？

问题三："诊—学—研—教"模式是否能够提升教师外语测评素养？

在这个环节里，课题组利用前期"优诊学"在线诊学系统对学生英语写作情况的诊断及分析结果，确定了研究方案，同时也明确了今后教学的改进方向。

方向一：转变理科生"重理轻文"的态度，提高学生学习英语的兴趣，努力将阅读变成"悦读"，将写作变成"悦写"。

方向二：增加日常练习中阅读和写作的比重。

该课题的研究问题是：（1）"优诊学"诊断性测评中英语写作几个维度分别是指什么？（2）学生在参加"优诊学"检测之前的学习情况是什么？检测后发现了哪些问题？（3）课堂实施形成性评价后，学生有什么样的变化？教师有什么样的变化？（4）诊断性测评和形成性评价相结合能否促进学生英语写作能力的提高？

课堂实践步骤为：分析"优诊学"测评数据—分析问题—分析学生—分析教师—制订教学目标和调整教学方法—解决问题。

表 3-6　课题组的研究计划

研究阶段	研究内容
2018 年 5—9 月	依据诊断结果为学生设定自评表；通过学生访谈确认学生问题；熟悉"优诊学"测评软件，研读测评维度；初设评价标准，解决学生英语写作基础问题。
2018 年 10—12 月	依据诊断结果和数据分析，确定阶段性目标；结合课堂实践，完善形成性评价方式，逐步突破写作重难点。
2019 年 1—9 月	评价反思

王学锋课题组在第二个环节中的文献学习是非常有针对性的。他们了解了新课标对写作测评的要求以及写作测评素养的相关概念，在第一个环节调查结果的基础上制订了有针对性的研究方案，包括研究目的、研究问题和研究方法，教学干预手段（见上页的两点教学改进方向）也是有针对性的。

3.3.3 第三个环节

在"**反思多种数据，调整教学手段**"这个环节里，课题组进行了数据分析和教学反思。

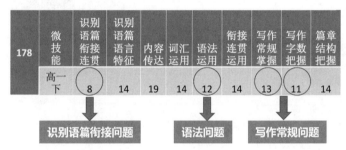

图 3-17 第一次"优诊学"写作测评（2018 年 5 月）结果

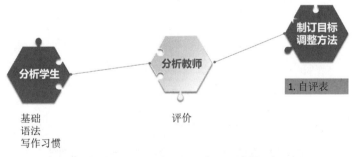

图 3-18 课题组对"优诊学"写作诊断结果进行分析

图 3-19 对第一次"优诊学"测评结果的小结

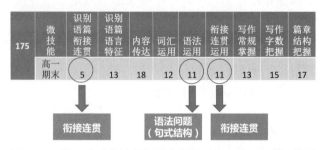

图 3-20　第二次"优诊学"写作测评（2018 年 10 月）结果

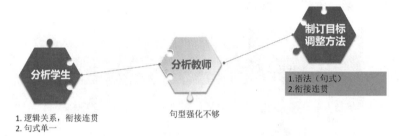

图 3-21　对第二次"优诊学"测评结果的分析

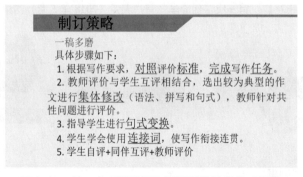

图 3-22　第二次"优诊学"测评后的教学策略调整

图 3-23　对第二次运用"优诊学"调整教学策略的评价

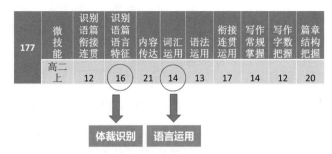

图 3-24　第三次"优诊学"写作测评（2018 年 12 月）结果

图 3-25　对第三次"优诊学"写作测评结果的分析

图 3-26　第三次"优诊学"测评后的教学策略调整

在这个环节里，王学锋课题组在参考前期学习相关理论和文献的基础上，由各子课题组分别进行了多轮教学策略的设计、反思和调整，不断收集相关数据进行分析。此为有效的英语教学模式，是一个循环式的过程。

3.3.4　第四个环节

在"**比较前后数据，找到问题答案**"这个环节里，王学锋课题组经过两年多的高中英语写作教学的研究，结合"优诊学"诊断性检测，不仅帮助学生了解到自己英语写作知识和技能方面的弱项，明确了努力方向，也帮助教师了解了高中英语写作9项微技能，为教师制订评价标准提供了依据，使教师学习和掌握了英语写作的测评内容（测什么）。

"优诊学"的诊断性检测帮助教师发现问题，确认问题，对问题进行反思，有针对性地制订行动方案解决问题，提高了学生的写作水平和能力。课题组形成的"学习共同体"机制，是提升高中英语教师测评素养的有效途径。"诊—学—研—教"的模式为改进高中英语写作课教学，提升高中英语教师测评素养提供了启示。

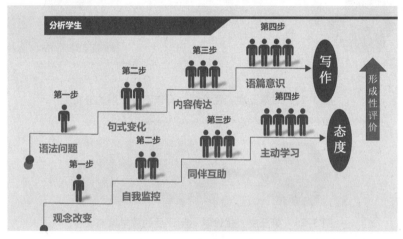

图3-27　三次使用"优诊学"测评后学生在写作态度和技能上的变化

王学锋课题组围绕写作教学和教师测评素养等，结合"优诊学"助力教学的测评工具，反思自己的教学、调整教学策略、评估教学效果、再反思、再调整，经过几个阶段反复摸索，最终找到适当的教学模式。

本章对黄菊课题组、周红课题组、王学锋课题组的研究案例做了介绍，它们呈现出以下共同特点：

第一，课题组在实施研究之前，文献阅读工作开展得比较充分，如组织各个课题校的教师深入学习新课标、英语写作教学理论和测评理论等，这对课题研究日后沿着正确的轨道开展起到了保驾护航的作用。

第二，课题组对研究方案做了严密的三阶段安排，在每个阶段都结合"优诊学"测评工具收集测评数据、评价学生情况、反思和调整教学策略，再评价教学效果，再反思和调整教学策略，措施有效。

第三，课题组在开展形成性评价的同时注重高中生英语写作自信心和写作微技能的培养，促进学生在学习态度和学习观念上发生转变，使其愿意自我监控、主动学习，愿意与同伴互助学习，最终使学生在语法、句式、内容表达和语篇方面取得技能上的进步。

第四章　三个课题组的教研成果：
前后期课堂教学比较

本章从三个课题组的众多英语课堂教学案例中，选出前期与后期同一课型的各九节课例，合计展示十八节高中英语基本课型教学的主要课件（保留课堂教学主要环节，删去一些增强课堂气氛的图片），分析课题组教师在同一个课型中前后阶段的教学行为、教学观念和教学效果上所出现的变化特点。

4.1　黄菊课题组的四节读写课课例

"读写课"是高中英语的一种基本课型，兼有阅读课和写作课的特点：力争输入和输出有机结合，即课堂前半段时间的课文阅读指导是有意识地为后半段时间的写作铺垫。近几年来全国各地中学英语教师都在摸索读写课的有效教学策略。黄菊课题组的课题名称是"基于'优诊学'的诊断性测评在高中英语写作教学中的应用"，他们的教研焦点是写作课，尤其是读写课型。下面我们对该课题前后期各两节读写课例进行对比探讨。

4.1.1　前期两节读写课课例

4.1.1.1　课题组前期第一节读写课课例出自成都八中 Z 老师，有 7 张课件。

必修 3 Module 1 Europe (reading & writing) Let's enjoy the beauty of Europe! (watch the video)	第1张 课件给出了这节课的题目"欧洲"，括号中写明了该课为读写课。

Competition Notice • Do you want to travel to Europe for free? • Write us a letter and tell us your destination. • Win your holiday for free now!	第2张 课件给出了这节课的第一个教学任务。教师虚构了一个比赛通知，要求学生向竞赛主办方写信，赢取免费欧洲游的机会。

Task 2 Read and find out: **How do we write the letter?**	第3张 课件给出了这节课的第二个教学任务：阅读本课介绍欧洲的文本内容（关注信件结构）。

Task 3 Discussion: **What good reasons can you think of?**	第4张 课件给出了这节课的第三个教学任务，要求学生讨论介绍欧洲某地的理由（关注信件内容）。

	第5张
Task 5 Writing: 　Tips for your writing（写作要求） • **Cover all the aspects** • **Use good expressions & link words.** • **About 100 words**	课件给出了这节课的第四个教学任务，要求学生注意写作的三个要素（内容、语言表达和字数）。

	第6张
Task 6　Choose the best one in your group. 　Tips for your evaluation（评选标准） 1. Has he covered all the aspects? 2. Has he used good expressions & link words? 3. Has he written about 100 words?	课件给出了这节课的第五个教学任务，要求学生依照写作的三个要素（内容、语言表达和字数），评选出本组最佳书信。

	第7张
Homework ◆ Perfect your writing. ◆ Send it to Destination Europe. Good luck!	课件是这节课布置的课后作业内容，要求学生完善信件。

　　从这节读写课课例的七张课件里，我们看到 Z 老师这节写作课的教学意图是结合课本必修 3 模块 1 单元介绍欧洲国家的课文内容，引导学生自选欧洲某一地点撰写一封介绍该地的信件。教师首先播放了介绍欧洲的视频和相关图片，继而布置写作任务，力求激发学生的兴趣和写作动机；其次，引导学生阅读课文相关内容，讨论信件结构、写作内容和具体写作要求；最后，让学生依据写作三要素进行小组讨论，评选出最佳书信。我们可以从课件中看到这节课的基本教学思路与特点，那

就是这节课的阅读部分用时较少，教师指导的比重偏轻，教学侧重点是引导学生完成课上限时写作任务。这是在不少高中英语课堂上常见的读写课教学模式，看上去设计得很"完美"，比如"阅读部分"有教师布置的阅读课文（第3张）和讨论内容（第4张），"写作部分"也给出了三个具体要求（第5张）和三个评价标准（第6张）。但是，在这节课的前半段时间里，教师主要是对全班布置写作任务，比较缺少对语篇组织结构、篇章衔接手段和相关语言表达的细致点拨，因此，学生在这节课内完成一封信件的写作任务有相当难度，写作质量也是不容乐观的。

4.1.1.2　前期第二节读写课课例还是 Z 老师讲授的。此时，她已经在课题组里学习了相当一段时间，也进行了教学反思，我们看看她前段时间读写课教学的不足之处是否得到了改进。

# Module 1　Basketball (A video about Michael Jordan)	**第1张** 课件给出了这节课的题目——篮球，播放的视频与迈克尔·乔丹有关。
⑤ Michael Jordan was the dominant basketball player in the world during the 1990s. He won the NBA's Most Valuable Player Award five times, and led the Chicago Bulls to the league championship six times. Wearing his famous number 23 shirt, Michael Jordan became the most successful basketball player in the history of the game. ⑥ From all above, there's only one word to describe the best player in the world-awesome!	**第2张** 课件给出了这节课的第一个任务，要求学生阅读所提供的材料文本片段，即两小段的文字内容，并作笔记。

| **Task 2　Group work**

• Discuss and put these 2 paragraphs in the right places of the passage & say why. | **第 3 张**
课件给出了这节课的第二个任务：学生以小组为单位讨论这两段文字的正确顺序，并说明理由。这涉及了阅读和思考的关系。 |

| **Task 3　Introduce a person!**

• **Team work** ▶

• **Follow the structure**

　1　　2　　3 | **第 4 张**
课件给出了这节课的第三个任务，要求学生以小组为单位讨论人物介绍的三段落结构。 |

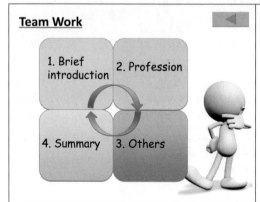

| | **第 5 张**
课件给出了这节课的第四个任务，要求学生以小组为单位讨论该语篇介绍的四个方面的内容。 |

Some useful expressions:	第 6 张
• firstly, secondly, finally • besides, apart from, what's more, in addition • for one thing...for another thing... • not only ... but also. ... • therefore, as a result, thus, so • though, although, in spite of • ...	课件是这节课的第五个任务：学习有关语篇衔接和连贯的一些语言表达方式。

| **Homework:**
• Modify the passage you have written in this class. | 第 7 张
课件给出课后作业：修改课上所写的人物介绍短文。 |

　　我们看到 Z 老师第二次读写课的教学过程，虽然同样是布置学生在课堂上完成限时写作任务，但是有了一个突出的变化，即教师大大加强了对学生阅读（输入部分）的内容信息和语言衔接连贯表达的点拨，例如第 2 张课件上对文本片段的细致阅读和笔记整理、第 5 张课件上的篇章和结构安排、第 6 张课件上给出的语篇衔接连贯表达手段。这就为学生的写作（输出部分）奠定了扎实的语篇内容、结构和语言衔接基础。显然，对比第一节课，这就是明显的改善，即大大改进了此前写作课堂上对学生输入指导相对比较薄弱、点拨不够细致的环节。第二节读写课中"读"的比例比以前增加了，教师对学生写作过程的指导更加细致了。教师有针对性地在学生学习的难点（语篇结构、内容组织、衔接连贯）上改进教学，这就为学生后面的"写"做了精准的铺垫。

读和写的教学比例恰当，是课题组围绕写作教学展开教研取得的初步成果。

4.1.2　后期两节读写课课例

4.1.2.1　课题组后期的第一节课例来自重庆市西南大学附属中学 P 老师，有 7 张课件。

第 1 张

课件给出了这节课的主题——戒手机瘾，课型是读写课。

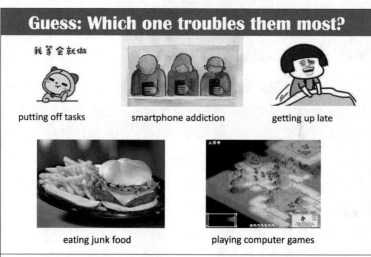

第 2 张　课件引出这节课的头脑风暴活动。教师给出代表不良习惯的五张图片和相应词组，让学生猜测哪个危害最大。教师以此提供了学生进行话题讨论时相关的语言表达支架。

Step 1: What to write (read for structure)

Activity 1: Read and check.

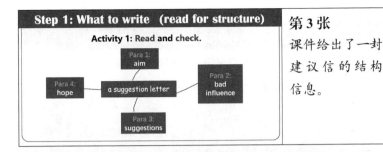

第 3 张
课件给出了一封
建议信的结构
信息。

Step 2: How to write (Read for language)

Activity 2: Read part 2 and underline the bad effects of phone addiction.

(Part 2) Though a smartphone can be a highly useful tool, overuse of it or even addiction to it can be bad for your study, health, and relationships. If you can't stop yourself from repeatedly checking texts or apps, the smartphone can cause low study efficiency, which has already led to your failure in this exam. What's worse, according to a recent study, long time on phones will do harm to your eyesight and backbone (脊椎)— nearly three fifths of people suffer from these illnesses. It doesn't only affect your own life, but is also responsible for your worse relationship with family and friends. For example, recently I just feel the time you spent with us become less and less, which really hurts me. Therefore, it's time to save you from smartphone addiction.

Discuss: With what methods did the father use to show the bad effects?

★. listing figures   C. quoting others' saying
★ giving examples   ★ referring to researches

第 4 张　课件是这节课的第二个活动。教师给出一段文字，让
　　　　学生在表示手机上瘾的不良影响的相关词汇／词组下面
　　　　画线，并对文中父亲指出不良影响的方法进行讨论。

Activity 3: Read Para 3 and think the following questions.

Q1: What suggestions does the father give to the son?

How to make a plan

(Part 3) And here are some suggestions to help you give up smartphone addiction:

★ Make a plan: Only use your phone at certain time of the day. Don't give yourself the chance to approach your phone until you finish your homework or other tasks.

★ Develop new interests: Exercise—walking, biking, jogging, swimming, even talking with me helps you to forget about phones. What interest to develop

★ Ask someone you trust for help: When you are at school, choose a responsible person, such as your teacher or your deskmate, to control your use of smartphone. Ask who for help

Some other expressions to give advice

It's a good idea that...   If I were you, I would...   You'd better...
Why not...   It's wise of you to do ...   You're supposed to...

Writing skill: Add details to make suggestions practical.

第 5 张　课件的内容是这节课的第三个活动，要求学生回答
　　　　关于第三段文字的问题，即父亲给出了哪些建议，
　　　　另外，文中使用了哪些提建议的语言表达方式。

第 **6** 张 课件是这节课的第三个步骤：讨论和写作。教师给
出了一些图片和相应词汇 / 词组。

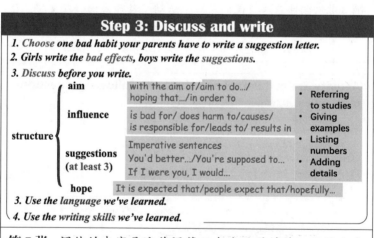

第 **7** 张 课件的内容是这节课第三个步骤的继续，让男女生
分写不同内容的信件。这个步骤涉及建议信的结
构、内容和相关语言表达方式，以及前面点拨的若
干写作技巧。

　　这节**读写课**的七张课件使我们清晰地看到了 P 老师的精巧构思。上课伊始的"阅读部分"点拨学生关注写作内容、写作篇章和语言表达（见第 3—5 张课件），为"写作部分"提供了必需的支架，也为后面引导学生有针对性地模仿前面输入的内容、结构和语言文字做了铺垫。这一课例生动地诠释了"过程写作教学方法"或者"体裁写作教学方法"，体现出该课题组的读写课教学上了一级新台阶。

4.1.2.2　课题组后期的第二节课例出自重庆市西南大学附属中学 F 老师，有 9 张课件。

Learning objectives

By the end of the lesson, you are able to

1. get to know the **features and steps** of making school news.

2. read for **structure and language** of the news.

3. make **school news** with your partners.

第 1 张	课件给出了学生在本节写作课上的三个主要学习目标：首先是理解文本内容，其次是弄懂结构和语言，最后是模仿写作。

Task 1 Read and tell which might be a piece of news and conclude the features.

Yesterday, on December 17th all the students and teachers in our school were involved in the "Binfen Festival" ..

On a beautiful and sunny afternoon one week ago, Shuai Boyi had dinner with Mr. Yang in the dining hall …

features: timely;　brief;　important/ interesting;　real

第 2 张	课件是一篇新闻报道范文，教师引导学生从画圈、画线和画框的提示语中分析体裁特征。

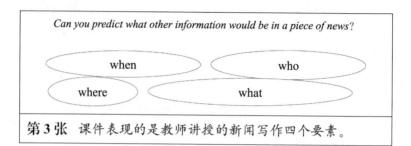

Can you predict what other information would be in a piece of news?

when

who

where

what

第3张 课件表现的是教师讲授的新闻写作四个要素。

---

*Read the **structure**.*

The Binfen Festival Achieve Success in Our School

Yesterday, on December 17th, all the students and teachers in our school were involved in "Binfen Festival". So as to lighten students' pressure and explore more colorful school life, our school has organized all forms of activities and competitions. Students tried their best to show their artistic talents. Yang Chuan, the head teacher in Class 20 Grade 2, said he felt concerned, he was happy with his students' performance. The Binfen Festival has definitely sparked a storm of enjoyment and it achieved great success.

第4张 课件引导学生注意范文的结构。

---

*Read the **language**.*

objective （客观的） **facts**	All the students and teachers
	Yesterday, on December 17th
	In our school
	Students were involved in the "Binfen Festival"
	Our school held all forms of activities and competitions Students tried their best to show artistic talents
	So as to lighten students' pressure and explore more colorful school life
subjective （主观的） **opinions**	Yangchuan said: "I felt concerned. I was happy with …"
	The Binfen Festival has definitely sparked a storm of enjoyment and it achieved great success

第5张 课件中教师利用表格引导学生区分新闻结构的两个
       特征——客观事实和主观意见，并通过画圈的方式
       提示动词、连词的使用方法。

Task 3 *Brainstorm other expressions to replace the given ones.*

What How	sb. be involved in (the event) our school held (activities)	sb. attend (the event) ... sb. take part in (the event)... our school host (the event) ... (the event) was held in ... _ _ _he event) ...
Why	so as to	_ _ _ _ pose to...
Interview	sb. said	thought... ... added "..."
Comments	sth. achieved great success	sth. succeed sth. be successful

Using the language in the textbook can help us acquire it more quickly.

第 6 张　课件中教师继续使用表格，引导学生注意新闻语言的特点，包括记述事件、介绍起因、访谈人物和作出评价四个方面。

Task 5 *Fill in the blanks to make the news more coherent (连贯的).*

tense

The Binfen Festival Achieved Success in Our School
Yesterday, on December 17th, all the students and teachers in our school were involved in "Binfen Festival". So as to lighten students' pressure and explore more colorful school life, our school has organized all forms of activities and competitions. What's more, students tried their best to show their artistic talents. Yang Chuan, the head teacher in Class 20 Grade 2, said, though he felt concerned, he was happy with his students' performance. The Binfen Festival has definitely sparked a storm of enjoyment and it achieved great success.

transitional words

第 7 张　课件上，教师提示学生注意文中的动词时态、过渡词和词组，帮助学生理解文章连贯的目的。

Task 6 *Group work. Review what we've learned and make a piece of school news.*

features: timely; important/ interesting; brief; real

structure ⎰ **facts**　when; where; who; what; why; how
　　　　　　⎱ **opinions**　interview; comments

language ⎰ **rich language**
　　　　　　⎪ **language in the textbook**
　　　　　　⎪ **tense**
　　　　　　⎱ **transitional words**

第 8 张　课件上教师使用对比方法，引导学生归纳新闻写作的三个基本要素：特征、结构和语言表达。

Topic 1: Alice's special English class

Topic 2: Our last class meeting for the group display

Topic 3: Our latest English exam

Be clear of your assignments in the cooperation.

Write down the facts of the event.

who

Walk around to **interview** the people involved in news.

Make comments and edit the news.

Report the news.

第 9 张　课件的内容是布置的课上写作练习，要求学生根据本节课上学习到的新闻报道的要素，从三个话题中选择一个完成写作。

这节课例是在课题研究与实践进行了较长一段时间之后做出的，上面的课件内容反映了**读写课**的完整脉络。这节课例先读后写的教学目标具体明了，教学过程展开得十分清晰。首先，教师用各种生动有效的手段引导学生理解新闻体裁写作的特征、结构和语言，发挥了语言输入的作用；随即指导学生进行同伴互助讨论，完成一个课堂写作任务，实现语言内化（intake）；最后再让学生模仿写作，从而完成了语言输出过程。这节课例的最大亮点是运用了大量文本语言材料，引导学生领会新闻写作中的"体裁、篇章结构和语法表达"特点。针对学生在写作中常常出现的体裁特征不突出、结构混乱、语言逻辑表达不清的问题，教师在设计这节课时一一结合实例进行了点拨，同时运用不同颜色、不同字体、不同提示方法，以及画圈、画线、画框和制作表格等手段，吸引学生的注意力，帮助学生准确理解。这就从写作的源头上切切实实地把以往学生写作困难的漏洞堵上了。

4.1.3　前后期四节读写课课例特点对比

黄菊课题组前后期的四节读写课，都是在"**基于'优诊学'的诊断性测评在高中英语写作教学中的应用**"课题研究过程中实施的，体现出了教学行为、教学观念和教学效果三个方面的变化。

4.1.3.1　前后期读写课教学行为变化的特点

我们看到教师前期的写作课教学行为有三个特点：一是比较轻视写作微技能的输入，对于写作体裁、语篇结构、衔接连贯等语言表达方式教师只是布置学生自己阅读和讨论，是一种粗放型、简单化的输入处理方式；二是忽略了学生在写作学习过程中的困难（如写作动力不足，语篇结构、内容组织、衔接连贯等语言表达知识欠缺），只是一味地给学生布置写作"输出"的任务；三，从课件上看，教师对写作技能的点拨比较空泛，而对写作和评价的要求比较具体。

到了后期，课题组的授课教师在写作课堂上出现了三个变化：一是我们看到了写作课件前面几张有了丰富的"输入性"，教师在文本段落内容、篇章结构、语言衔接表达上对学生进行了细致的点拨，为学生随后的写作做了铺垫，树立了脚手架，体现了授课教师对教学活动的精心引导；二是教学活动指向帮助学生解决写作困难，包括明确写作动机和写作对象、写作内容要点与篇章结构，以及写作的相关语言表达方式。这些在以往高中英语读写课教学中所缺失的行为，在后期的课堂教学中得以体现；三是后期的课件增加了大量文本和对语言特征的示范与点拨，对学生写作技能的输入比重明显增加。

4.1.3.2　前后期读写课教学观念变化的特点

在前期，与其他地方高中教师的上课流程基本一样，授课教师在前半段只是布置学生做一些阅读、讨论，没有结合阅读文本和文字材料进行语言特征方面的点拨，在课程的后半段也只是布置学生自己完成写作任务和评价任务。这说明教师当时的写作教学观念比较简单，认为写作就是学生自己努力的一件事情，教师帮不上太多。这就容易形成"教师布置、学生执行、写作不佳、责备学生"的怪圈，教师只是看到学生写作表现不良，却不太理解出现这种结果的原因在于日常写作课教学没有引导学生建立理解语篇的意识，也没有指导学生进行有针对性的写作过程训练。

从后期的课例中我们看到，课题组教师利用"优诊学"平台提供的写作测评工具，对学生的写作微技能如篇章结构、衔接连贯手段、话题内容、写作语法和词汇表达等有了深入的了解，搞清了学生的薄弱环节。因此，在后期的读写课教学过程中，教师的写作教学观念才会日益丰富。这首先表现为教师语篇意识的提升，教师会有意识地在语言内容、篇章结构、衔接连贯手段、语言表达等方面，结合文本的文字材料细致点拨学生。其次是教师借助"优诊学"测评工具增强了对学生写作水平和写作意识的把握，从而能够对学生写作中的常见问题（写作焦虑、写作微技能贫乏，以及以往课外写作不受过程性指导和监控等）采取有针对性的措施加以解决。这说明课题组教师后期的写作教学理念发生了明显变化，认识到了学生的写作微技能离不开教师课堂上的细致引导。因此，教师才能从写作动机、写作篇章结构、内容组织、衔接连贯等手段上首先给学生以示范和点拨，然后才是组织他们做模仿练习，最后通过"优诊学"测评工具检查教学效果和学生写作微技能的变化。

4.1.3.3　前后期读写课教学效果变化的特点

从三次"优诊学"测评结果看，学生每一次的写作微技能测评成绩都在提高，说明学生的写作微技能在教师引导下得到了提升，实现了课题开展之初预期的教学目的。后期的两节课例对当前高中英语读写课有很多启发：其一改以往读（输入）与写（输出）之间严重脱节、课堂上联系不紧密的弊端；课堂活动体现出教师对学生写作中的常见难点——如心理方面的写作信心不足、思维方面的要点逻辑不清、语言因素方面的篇章结构不合理与句式混乱等——都有准备，从而能够细致地、有针对性地指导学生克服这些困难。测评课题研究给写作课堂教学带来的正面效应由此可见一斑。

4.2 周红课题组的十节课例

周红课题组成员来自四所中学，课题涉及五个专题（阅读、听力、词汇、语法和写作）。这里选出五个专题前期（2017年、2018上半年）、后期（2018年下半年、2019年上半年）各一节课例进行比较。

4.2.1 前后期两节阅读课课例

4.2.1.1 前期的阅读课课例出自石家庄二中 Z 老师，有 10 张课件。

> **Make the best of the bad weather**
>
> Learning aims:
> At the end of this class, the students will be able to:
> 1. better understand the narrative genre;
> 2. infer the author's attitude and intention;
> 3. make a summary of what they've read;
> 4. be more positive about bad situations.

第 1 张 课件给出了课文标题和四个学习目标：理解体裁，推测作者态度，学习概括文本大意，学会用积极的态度去应对不理想的情况。

我的班级阅读微技能的表现					
	理解主旨大意	辨别文章来源	理解主要观点	确定句间逻辑	推测生词含义
班级总体	19	27	18	22	22

我的班级词汇知识运用能力的表现							
	词形转换	短语及固定搭配	日常交际用语	健康相关词汇	社会、文学等相关词汇	学校生活相关词汇	自然相关词汇
班级总体	23	18	24	22	19	9	15

第 2 张 课件列出了全班"优诊学"测评中阅读微技能和词汇知识运用能力的人均成绩，圈起来的四个部分比较薄弱（满分 30）：主旨大意，主要观点，短语及固定搭配，学校生活相关词汇。

About the genre	
Main characters	The author and her family members.
Time	In fall.
Before the trip	Made plans and checked the weather forecast.
During the trip	Had bad weather, but made the best of it.
After the trip	An enjoyable vacation.

第 3 张
课件以表格形式给出文中人物、时间，以及旅行前期、中期、后期的情况。

About the text

1. Read paragraph 3-7.
- By listing the weather in time order , the author wants to
  _____.
- A month before, ...
- Three weeks before, ...
- Fifteen days before, ...
- Two days before, ...
- And the day before we took off, ...

第 4 张
课件要求学生阅读第 3—7 段故事文本，并给出五个时间短语，提醒学生关注按时间顺序发生的事情。

2. How do you feel when reading these sentences:
"To the beach! Run, kids, run!"
"To the house! Run!"

3. What did they do to "make the best of bad weather"?

4. What does the author want to convey with the sentence: "The next morning, we loaded the cars and pulled away, leaving blue skies without a cloud in sight behind."?

第 5 张　课件列出了 3 个阅读理解性问题，引导学生深入思考作者表达的深刻意图。

About the language
Paraphrase

① The good weather assumption is <u>right up</u> <u>there</u> <u>with other ridiculous assumptions,</u> like nobody will get sick, you won't have car trouble and the kids will get along beautifully.

② We all <u>pressed our noses</u> <u>to the windows</u> and agreed it was way <u>better than watching the</u> <u>Weather Channel.</u>

第 6 张
课件列出文本中的 2 个长句，要求学生用自己的语言解释画线部分的内容，目的是帮助学生理解句子的确切含义。

Words in focus

• In the sentence : "During a <u>normal</u> afternoon, we would run to the beach, light a fire, and make s'mores before the sky turned a <u>threatening</u> steel blue", can we replace "normal" with "common" or "ordinary"?

• How do you understand "threatening"?

第 7 张　课件要求学生着重注意 2 个画线的单词的含义。

Reading response

Title:	
Main idea: (character, setting, plot)	
Emotion: (The part or the sentences I like best is/are ...)	Opinion: (I think the author wants to tell us ...)
Experience: (This article reminds me of one of my experiences ...)	Vocabulary: (5 words or phrases that I've learned in this story and the reason is that ...)

第8张 课件以表格形式，引导学生关注文本标题、大意、情感、意见、经历和相关词汇。

I want to share:

- *The happiest people don't necessarily have the best of everything; they just make the best of everything they have.*
- *Life isn't about how to live through the storm but how to dance in the rain.*

第9张 课件给出了教师对该文主题的认识，以便于学生对照和加深理解。

Homework

- Compulsory: Read the article about Michael, try to give it a title and make a reading response by yourself.

- Optional: Write a passage with the title "Make the best of ...".

第10张 课件是两条家庭作业：必做的是阅读介绍迈克尔的文章，为其撰写标题和阅读笔记。选择性的作业是写一个模仿文本的短文。

从 Z 老师这节阅读课课例中我们看到，她的教学目标是训练学生提高三项阅读微技能：理解大意，理解作者观点意图，以及扩充相关词汇。这节课上的几个教学活动都是围绕教学目标展开的（见第 4—8 张课件）。教师提出思考问题，学生回答，教师分享答案。这种教师点拨文本内容、语言理解和主题意义的高中阅读课模式较为常见，看得出该授课教师的语篇体裁教学模式初步形成（见第 3—4 张课件），但尚不明晰，未能明确点拨出该文语篇特征之一是使用一系列时间短语作为语篇衔接连贯的手段。

4.2.1.2 后期的阅读课课例出自石家庄二中 M 老师，有 10 张课件。

	理解主旨大意	辨别文章来源	理解主要观点	确定句间逻辑	推测生词含义
班级平均	21	22	21	⑲	20

第 1 张 课件上是全班"优诊学"阅读测评的平均成绩（满分为 30 分），显示出薄弱环节是"确定句间逻辑"。这为本节课开展此项微技能训练做了铺垫。

Learning objectives

By the end of the class, the students are expected to

- have the awareness of finding out logic (transitional words and internal logic) and solving problems using logic;
- write something relevant to what you've read;
- appreciate the power of letters and spread the act of kindness.

第 2 张 课件列出本节课的三个学习目标，其中第一个目标是：找出逻辑关系，如过渡词和内在联系，运用逻辑解决一些问题。

<table>
<tr><td>

Reading

Letters to strangers

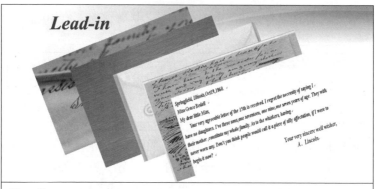

</td><td>

第 3 张
课件给出课文"陌生人来信"的语境——公园里一张椅子上有一封信，以此激发学生对信件内容的好奇心。

</td></tr>
</table>

Lead-in

第 4 张 课件是"导入"内容：学生将要阅读的是一封写给陌生人的信件。教师充分利用学生的好奇心，引导他们猜测这封信的作者和内容。

Task 1 Read & Discover *Before writing*

Read para 1 and find the change of emotions.

Adj.   *How?*

interested   • It's a very cute idea. It ~~also~~ sounds, well,
↓   a bit American touchy-feely.

doubtful   • However, I'm not sure that's something
↓   we British people do well.

hopeful   • But on second thought it might put a smile. …
                 So I decide to give it a try.

第 5 张 课件是任务 1：根据教师提示的三个形容词，阅读信件第一段，思考写信人的情感变化过程，以及三个连词所反映的句间逻辑关系。

Task 2 Read & Analyse

Letter1 (Para2) Find out *verbs* that indicate the writer is unskillful but takes it seriously.

was at a loss

can't stop thinking about it

don't want to make mistakes

browse for inspiration

try again

start afresh

第 6 张

课件是任务2：阅读信件第2段。教师列出了一些动词和动词词组，引导学生关注作者的行为和态度。

Letter 2 & 3 (para 3)

Find out the evidence that shows she is a bit more skillful. (By the time the author writes Letter 3)

She figures "Less is more." / She kind of has her own style.

That'll do for a first attempt. (Letter 1)

I like it very much. (Letter 3)

Contrast

第 7 张 课件要求学生阅读信件第 3 段，教师引导学生关注文章的意义，要求学生找出相应的证据。

Read para 4-6 and answer the question:

Why does she wander in the distance after leaving the letters behind?

She is eager to see people's response to her letters.

From this we infer she is __excited__ *, and* __serious__ *about letters.*

第 8 张 课件要求学生阅读文本第4—6段，然后回答一个需要深度思考的问题。这训练的是学生的推理、概括等高阶思维能力。

Task 3 Read & Appreciate

What's your understanding of the underlined part?

1. ... I hope they had a good day and that **even if** they had a <u>crappy</u> day, that this random note might have made them feel better. (Para 2)

   unpleasant/awful/ terrible/ rough/ it sucks

2. I mark the envelope: "Something to cheer you up if you're having a bad day." I like that one very much **and** I think <u>I nailed it</u>. (Para 3)

   I made it. / I did it. /I did a good job.

第9张	课件中教师引导学生关注两段文字里的连接词，还用下划线标出一个单词和一个分句，让学生进行同义替换练习。

Task 4 Writing

Option A:
Suppose you've found her letter, write a short letter back.

Option B:
Make some comments on the writer's act.

第10张	课件是任务4，布置学生选择一个写作任务：或读信之后写回信，或对写信人的行为做出评价。此任务的目的是要求学生与该信件进行情感和意义层面的交流。

　　通观上面的十张课件，我们看到这节**阅读课**的教学目标非常明确，是直接针对"优诊学"测评工具发现的"句间逻辑关系"这一薄弱项目进行的有针对性的训练。整节课中，教师安排的若干活动紧紧围绕着识别逻辑关系（第5张课件）、结合上下文理解单词和句子的作用（第9张）进行，以帮助学生理解文本的内

容意义、语言意义和作者意图。

在教学方式上，教师循循善诱，指导学生结合文本的语言细致理解内容，深入领会作者意图，具体的方法包括用不同颜色字体凸显连接词和相关生词与难句等。课堂练习针对的都是学生日常阅读理解中的难点，说明教师对学生的阅读表现了解得非常精准。

这节课例的突出之处是，教师有意引导学生关注文本的体裁——书信的特征和结构等，对文本的语篇结构、语言特征处理得相当细腻，体现了教师受课题组深入研究阅读教学模式的影响，消除了以往阅读课堂教学碎片化，只见树木不见森林，忽视阅读微技能训练，忽视体裁结构、文本、语境、语言特征讲授等弊端，从而呈现给我们一种崭新的阅读教学模式。

4.2.2　前后期两节听说课课例

4.2.2.1　前期的听说课课例出自石家庄十五中 W 老师，有 11 张课件。

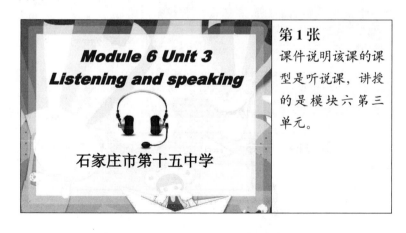

第 1 张
课件说明该课的课型是听说课，讲授的是模块六第三单元。

基于"优诊学"微技能培养的课堂教学				
微技能	获取特定信息	了解主旨大意	理解观点细节	推测观点意图
高二下测试	12	16	13	13
高三上测试	9	20	16	21

第 2 张

课件列出此前两次"优诊学"测评的听力成绩（满分为 30 分），显示有一项退步、三项进步。

I Warming up

1. Are there any discos, karaoke bars or nightclubs in your district?
2. Have you ever been to places like these?
3. What problems do you think you can meet in these places?

Purpose: to lead in the topic and arouse students' interests

第 3 张

课件是这节听说课的第一个环节：热身。教师提出了三个导入性问题，目的是引出话题，激发学生兴趣。

II Listening

Predict: | **What is Sara nervous about?**

Sara

No, I am nervous!

Let's go to a disco.

Tina

Purpose: brainstorm to get students prepared for the listening

第 4 张

课件是这节课的第二个环节：听前预测。教师介绍两个人物的背景，提出听力对话的一个引导性问题，目的是让学生对听的内容做好准备。

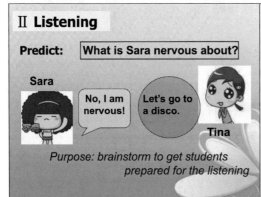

Listen and tick Sara's concerns.

( )AIDS   (✓)drugs
( )noise   (✓)smoking
(✓)alcohol   ( )strangers
( )money   (✓) dancing
( )rice   ( )orange juice

Purpose: listen for specific information

第 5 张

课件给出十个单词／词组，让学生听完之后选择，是要训练学生听出具体信息的能力。

Listen to the tape again and complete Tina's sentences.

1. Just say no. You don't have to do anything you don't want to.
2. It is ok to drink orange juice or something instead.
3. It would be a good idea to have something to eat before you go out, like rice or noodles.
4. If someone offers you a cigarette, don't take it.
5. Well, you'll have to learn. Let's get my CD player and I'll teach you.

Purpose: listen for ideas and supporting evidence (drugs/alcohol/smoking/dancing)

第6张
课件是听录音填空练习，要求学生听懂内容提供的支撑性信息。

基于听力微技能的反思与调整

- *the 1st listening* 【推理判断/主旨大意】

what's the relationship between the two speakers? what are they talking about?

- *the 2nd listening*

Tina's advice 【观点细节/特定信息】
(fill in the blanks - grasp the main topics)

- *the 3rd listening* 【语言知识】

pay attention to some sentence structures (prepare for writing)

第7张
课件归纳了三次听力任务所训练的三项听力微技能：推理判断，获取作者观点和特定信息，获取语言知识。

IV Speaking

What's wrong with them?

Choose a picture with your partner. Share your opinions on:

- What's wrong with them
- The reasons for their doing
- Harmful effects
- Advice on this health issue

第8张
课件是课堂的第四个环节：口语练习。教师要求学生与同桌挑选一张图片，谈论"他们哪里不对"的四方面内容。

第9张　课件上有四张不良生活方式的图片：酗酒、暴食、网瘾和吸烟。

Reference

- It's not a good idea to…
- He shouldn't. … He doesn't have to…
- It's OK to…but...
- There are several reasons which may explain his behavior. …First,…
- If he keeps…, he will…
- He should mind his…
- It would be a good idea to…
- He should. …If I were him, I would…

第10张　课件的内容是教师提供的谈论不良行为的句型，包含评价、批评、建议等八个方面。

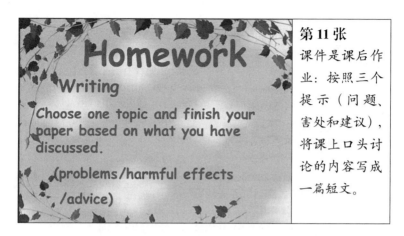

从 W 老师这节听说课中，我们看到她的教学目标是训练学生的三项听力微技能：判断推理、获取具体信息和作者观点、获取语言知识。课上的重点教学活动是围绕第 4—7 张课件的内容进行的，每个听力活动都目的明确，先是教师提出问题，然后学生回答，再后教师核对答案。相对而言，口语练习方面显得比较粗放，教师提供图片、话题、内容提示，要求学生运用所给内容和语言练习口语，由于缺少口语文本的示范，学生能否有效开口练习，情况不容乐观。

4.2.2.2　后期的听说课课例出自石家庄十五中 Q 老师，有 11 张课件。

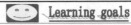 Learning goals

1. Learn to make complaints (n.抱怨)about the poor service.
2. Develop the skills in listening and speaking .

 Steps

1. Read an advertisement.
2. Listen to 3 dialogues between the customers and the tour guide/manager.
3. Make your own dialogues to complain(v. 抱怨)

第 2 张　课件列出两个学习目标：对糟糕的服务做出抱怨；培养听说能力。有三个课堂教学步骤：阅读广告，听三个对话，做出自己的抱怨对话。

 Reading

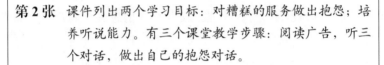
Before you listen, read the advertisement(广告) on page 25, and discuss these questions.

1. What sea animals can you see on this tour?

2. Would you like to go? What would be your favorite part in this boat tour?

3. If you don't see a whale, can you get a refund?

第 3 张
课件是第一个活动，要求学生先读广告，然后讨论三个问题。

 Listening

Exercise 2 on page 26:

First listening:
appreciate (G-Good)
complain about (B-Bad).

Second listening:
Place the 3 aspects in order.

第 4 张
课件是第二个活动，让学生做课本第 26 页练习 2，先听两遍对话，然后做相关练习。

Complete the table for each dialogue		第5张
Dialogue 1	Result wanted: *The tourist didn't say, but she wanted to talk to the _manager_ .*	课件布置学生根据所听的对话内容填空，引导学生关注对话的意义和语言表达形式。
	Actual result: *We don't know, but maybe she would not get another tour or a refund.*	
Dialogue 2	Result wanted: *A full refund* Actual result: *A full refund*	
Dialogue 3	Result wanted: *A full refund* Actual result: *A refund of half the fare*	

Listening

Exercise 4 on page 26:

Listen to the expressions that each customer used to <u>make his/her complaint.</u>

第6张
课件是第三个活动，要求学生听对话内容，引导学生注意顾客做出抱怨时的语言表达。

Steps to make complaints:

1. I am sorry but we <u>weren't</u> happy with the tour/...
   ...<u>was</u> awesome/good, but I'<u>m feeling</u> very annoyed.
   Excuse me, the tour/...<u>wasn't</u> as what I <u>expected</u>.
2. I'm afraid <u>that's</u> no good for us (as...)
3. I'd like a full refund.

第7张 课件是第四个活动，引导学生细心梳理做出抱怨的三个步骤和相应的语言表达方式。

Listening

Exercise 5 on page 26:

- Listen to <u>the first dialogue</u> and fill in the missing words.
- The missing words are the sentences from the TOUR GUIDE.

第8张
课件要求学生做课本第26页练习5，听对话填写缺失的单词。教师以此引导学生关注具体语言信息。

	第9张
If you were the tour guide, what should you say when the tourist complained to you? Read the lines aloud, and pay special attention to the <u>stress and intonation</u>. **I'm sorry/ but we can't control the weather/ and you did see the whales.** **Well, I'm afraid/ that's not good enough. I'd like to talk to the manager.** **I'm sure/ that won't do you any good. I know he'll agree with me. The fact is/ that you did see the whales.**	课件是第五个活动——口语练习。课件引导学生注意导游如何回应顾客的抱怨，要求学生特别注意重读、语调和语言表达。

	第10张
Speaking & Writing(page 27) • **Is complaining very important?** • **How to make proper complaints?** • **Teamwork(4 members in each team):** • **Choose one situation in the Exercise on p27, two persons are on one side.** • **Give us your presentation and earn scores for your team!**	课件是第六个活动，依然是口语练习，要求学生以四人为一小组，分角色练习抱怨和回应抱怨。

	第11张
 1. **Read through Exercise 4 and 5 and refresh your mind of making complaints.** 2. **Write down the dialogue you made in class on your composition exercise notebook.**	课件是课后作业，包括阅读、写作和听说结合的对话练习。

从这节听说课的 11 张课件中，我们看到授课老师紧紧围绕具体的教学目标"如何做出抱怨和进行回应"，设计了一系列的读与说、听与说的语言微技能活动，将输入和输出联得非常紧密。听之前的话题阅读和内容讨论为听的内容做了铺垫（如第 3 张课件）；在听的过程中，教师引导学生关注听力练习中三个对话的

内容大意、具体信息和语言表达（见第 4—8 张课件），看得出是有层次地从宏观到微观逐一展开。

在口语练习中，教师精心安排了三个任务（见第 9—10 张课件），让学生思考回应抱怨的内容、关注语音语调和模拟角色进行对话练习。这些为学生开展有针对性的口语训练提供了非常细致的语言示范，给出了内容表达和语言形式上的提示，创设了日常生活中可能遇到的使用抱怨功能的相关语境。

可见，这节听说课的两个语言技能教学目标非常明确，授课内容有针对性，课堂活动衔接紧密，教师的设计和实施十分精准，指导学生练习听与说微技能的方法细致入微。这些听与说的练习活动很好地解决了学生以往在听说学习上常常遇到的困难，如听不懂（大意）、听不清（语言），以及不明白为何说（说的目的或对象）和说什么（语言表达方式如句型、语音、语调等）。显然，经过该校课题组专项研究之后，授课授师的听说课在教学目标方面更为精准，在教学方法方面也更加细致，所取得的教学成效自然也就更加明显了。

4.2.3　前后期两节词汇课课例

4.2.3.1　前期的词汇课课例出自石家庄二中实验学校 S 老师，有 10 张课件。

Step 1. Review

A short history
of western painting

The Renaissance Impressionism

The Middle Ages   Modern Art

5th C AD   15th   16th   19th   20th

religious themes/   realistic   not detailed   abstract
    symbols   perspective   light & shade   realistic

第 2 张 课件是第一个教学环节，教师结合课文回顾西方绘画
的历史，用一个时间轴标出不同历史时期的艺术特点。

Step 2. Fill & Guess

works career galleries genius poems fame sculpture

He was a Dutch Post-Impressionist artist. Some people say that he was crazy while others say that he was a _genius_ . Whatever people think of him, there is no doubt that he was a great artist. His paintings sell for millions of dollars and can be seen in the top art _galleries_ and museums in the world.

He was born in 1853 and had a difficult life. In 1880, he started his _career_ as an artist in Belgium. During the next ten years of his life, he produced over 2,000 _works_ , including 900 paintings and 1,100 drawings.

第 3 张
课件是第二个教学环节，要求学生根据教师提供的词汇，在第一篇短文中填空。

---

drawings literature masterpieces sculptor

He was an Italian scientist, engineer, inventor, architect, _sculptor_ , musician, writer and painter. He is widely regarded as one of the greatest painters of all time. He was born in 1452 in Vinci, Italy and died in 1519.

He cut open human body and did many _drawings_ of the human skeleton and its parts, muscles and various internal organs. He was also a vegetarian, because he believed that killing animals was wrong.

He was an all-around genius, whose paintings and inventions changed our world. His _masterpieces_ are *Mona Lisa* and *The Last Supper*.

第 4 张
课件要求学生根据教师提供的词汇，在第二篇短文中填空。

Step 3. Focus

Brainstorm

artist, oil paints, carve, abstract…
detailed, painter, painting, sculpture,
bronze, realistic, humanistic, clay,
Impressionism, sculptor, style,
characteristic, Modern Art, Monet,
poems, masterpiece, Renaissance,
Manet, Mona Lisa…

第 5 张
课件是课堂的第三个
教学环节。教师提供
了 20 余个涉及绘画
艺术历史的关键词和
词组，让学生做头脑
风暴。

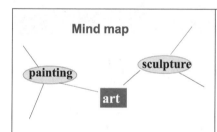

Mind map

第 6 张
课件是教师提供的一张思
维导图，给学生示范思维
导图的展开方式，例子是
由艺术派生出雕塑和绘画。

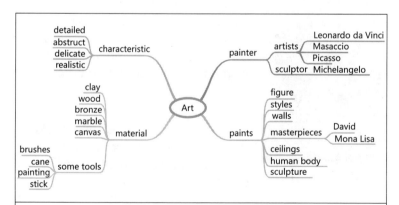

第 7 张　课件是学生根据教师的示范绘制的思维导图，对所学
的有关艺术的词汇进行了拓展。

第8张 课件是教学的第四个环节——口语练习。教师提供了一张艺术品展厅的照片，要求学生进行介绍。

Mona Lisa

The *Mona Lisa* is a half-length portrait painting by the Italian Renaissance artist Leonardo da Vinci who is widely considered one of the greatest painters of all time. The painting is thought to be a portrait of a woman named Lisa.

It was drawn in perspective, and the realistic style of painting makes the whole painting vivid. Mona Lisa's mysterious smile keeps people fascinated.

第9张 课件上是教师提供的一篇介绍《蒙娜丽莎》的范文。

Homework

Write a short passage to introduce the painting
your group chose. You should include:
* the painter
* the painting style
* the description of the painting

第 10 张 课件是教师布置的课后作业，要求学生写一篇短文介
　　　绍小组所选的绘画作品，内容包括画家、绘画风格和
　　　作品介绍三个方面。

从 S 老师这节词汇课来看，她的教学目标有三个：围绕绘画作品
的课文复习，词汇巩固，以及词汇运用。其中后两个目标可从词义、
词性和相关词汇量方面，结合口语和写作任务进行。这节课上的几个
教学活动都是围绕教学目标展开的（见第 3—6 张课件），教师展示文
本内容，学生结合意义选择填空；课堂上的口语练习和布置的课外写
作作业也是根据教师提供的图片、话题、内容提示来进行词汇巩固练
习。应该说，这种围绕专题展开的词汇课，结合短文填空、思维导图
和生活语境进行练习是比较常见的，大家已经非常熟悉了。

4.2.3.2 后期的词汇课课例出自石家庄二中 Z 老师的 10 张课件。

Unit 3　Dancing with the words

* Pre-reading

○ Snowstorms and sundogs
* 1. What is a sundog? Is it a dog?
* 2. The formation of "snowstorms" and
  "sundogs" is similar to that of ～　　　.
* A. dislike　　prefix
* B. hometown　compound
* C. actor　　　suffix

第 1 张
课件给出了这节词
汇课的标题——
"与词共舞"。教师
在带领学生阅读文
本前引导学生关注
词汇的构成方式：
前缀、后缀与合成。

About the genre(体裁) **Fast reading**
 	
 1. What is the genre of the text?
   A. Exposition (说明文)
   B. Argumentation (议论文)
   C. Narration (记叙文)
	第 2 张
	 课件让学生了解文本的体裁类型。

3. What kind of person is Sophie's father? State your reason (from which sentence you get that idea). outgoing able humorous generous optimistic reliable kindhearted faithful caring creative	第 3 张 课件给出了 10 个形容词，让学生判断文本中索菲父亲的人物特点。
Detailed reading Read paragraphs 1-3, and try to explain the following words: • stopover • the Polar Cap	第 4 张 课件是精读任务。教师布置学生阅读文本的前三段，提示学生注意词语的构成方式。
Read paragraphs 4-7, and answer the following questions: **1. What does the underlined part** "Sophie <u>could not help but</u> laugh" mean?	第 5 张 课件布置学生阅读课文第 4—7 段，然后回答画线词组的意义。
2. Which of the following sentences has the same meaning with strike in the sentence : "when sunlight <u>strikes</u> ice crystals in the air in a certain way"? A. The ship struck a rock. B. The area was struck by an outbreak of flu. C. The windows sparkled as the sun struck the glass. D. An awful thought has just struck me.	第 6 张 课件让学生说出 strike 在文本中的意思与下边四个句子中哪个里的 strike 的意思一致。

2. Tell us your understanding of the following sentences:

①Laughing at the strange word, Sophie wondered <u>whether sundogs chased mooncats.</u>

② When you learn new words, it's like <u>opening a door to a new place.</u>

第7张 课件要求学生重点理解画线部分内容，进而引导学生掌握句子意义。

Critical thinking

- What is the main idea behind the text?
- What's the relationship between language and life experience?

第8张 课件在"批判性思维"标题下提出两个引导学生深入思考的问题：课文主题是什么？语言和生活经验的关系是什么？

Post-reading activity

○ Use your cards to form as many new words as possible.

wrap up
sundog; stopover; the Polar Cap; can't help but; strike
The more words you know, the better you can express yourself and your experience.
When you learn new words, it's like opening a door to a new place.

第9张 课件是读后活动，引导学生参照课文中出现的构词法，用卡片尽可能组合出更多的词语。

Homework

第 10 张
课件是课后作业，要求学生注意一种构词新方式——音译法，让学生列出能想到的用这种方式生成的汉语新词汇。

In recent years, it has become popular to use the transliteration (sound translations) of English words instead of the actual Chinese word equivalents,

e.g.　Katong vs. Donghua for cartoon,
　　　Leishe vs. Jiguang for laser.

Think about other words
and make a list.

通观这节课例的 10 张课件，我们看到授课教师自始至终把课文中词语的意义理解放在文本的上下文语境当中，引导学生关注词语的构词方法，词语的核心概念及其同义性、多义性（见第 1 张和第 4—7 张课件）。这与传统上脱离语境单独讲解词语形式和处理阅读中难句与新词的方式明显不同，教师非常重视结合基本阅读知识（如体裁的判断、体裁的要素、文本大意的梳理、内容主题的概括和推理）提高学生的猜词技巧。

从课件中我们看到教师向学生提出了多个思考问题，一步步引导学生深入细致地去理解文本内容和词句，掌握构词法知识（如前缀、后缀和合成词等）。这些无不反映出授课教师在该课题学校研究专题（语言知识，包括词汇、语法和语用）的实施过程中，对文本语篇知识、词汇知识深度学习、理解的成果，其对语言知识、教学方法等的运用均体现出新课标所强调的语篇和语用教学的印记。

4.2.4　前后期两节语法课课例

4.2.4.1　前期的语法课课例出自石家庄二中实验学校 J 老师，有 13 张课件。

第 1 张

课件给出了课型和内容：it 的用法（第二部分）。

Review

(1) It is two miles to the school. distance
(2) It is raining cats and dogs. weather
(3) Someone is knocking at the door. Go and see who it is. an unknown person
(4) It is never too late to learn.
(5) It is no use crying over spilt milk.

第 2 张

课件给出了五个句子来复习 it 的用法：代词 it 用作距离、天气、不明人物和形式主语。

---

(6) It is known that No. 2 Middle School of SZJ is one of the best in Hebei.
(7) I think it our responsibility to gain more knowledge.
(8) We believe it no use complaining.
(9) We find it important that we should be confident facing difficulties.

第 3 张

课件继续给出了四个句子，复习 it 作为形式主语和形式宾语的用法。

Lucy: When was the Experimental School Affiliated to SJZ No.2 Middle School built up?
You: It was September 1st, 2005.
（那是2005年9月1日）

第 4 张

课件是两句对话，谈及实验学校的成立时间，练习了 it 的用法。

You: So how long did you come here?

Lucy: _It took me 50 minutes to arrive_
here by bus.

（我坐了50分钟公交才到这儿。）

第 5 张

课件还是两句对话，练习代词 it 作为形式主语的用法。

Lucy: Your campus looks so amazing! What do you think about the campus?

You: It is said that 0.3 billion was invested
in the school construction. And I think it our
duty to make it more beautiful.

（据说在学校建设上投资了三个亿。我觉得我们的责任是把学校建设得更漂亮。）

第 6 张

课件中的对话涉及代词 it 作为形式主语和形式宾语的用法。

Lucy: Wow, great! It is said that your school is the top one in Hebei Province. What is it that makes it so great?

You: It is the devoted teachers and diligent
students that/who make it great.

（是敬业的老师和勤奋的学生使我们学校越来越棒。）

第 7 张

课件的对话中有代词 it 作为形式主语和形式宾语的用法。

emphatic sentence It is the devoted teachers and diligent students that make it great. It is(was)+被强调部分+that(who) +其余部分	第 8 张 课件给出了 it 在强调句中的用法。

If we delete "it is…that", which sentence is right? 1. It is said that your school is the top one in Hebei Province.　✕ 2. It is the devoted teachers and diligent students that make it great.　√ It is(was)+被强调部分+that(who)+其余部分 去掉 it 、is/was 和 that/who/whom 后仍可组成一个完整的 句子，而 it 用作形式主语的句子则没有这一特征。	第 9 张 课件给出了两个句子，要求学生判断正误，进一步复习巩固强调句的构成形式。

谢同学昨天在老师办公室读英语。 Xie Shize was reading English in teachers' office yesterday. It was Xie Shize that was reading in teachers' office yesterday. It was English that Xie Shize was reading in teachers' office yesterday. It was in teachers' office that Xie Shize was reading English yesterday. It was yesterday that Xie Shize was reading English in the teachers' office.	第 10 张 课件给出了一个叙述语句的四种强调形式，要求学生观察学习。

改写为强调句 He wanted to work as a tour guide because he would get the chance to travel.(上海春) It is because he would get the chance to travel that he wanted to work as a tour guide. 4 points	第 11 张 课件是一个以表示原因的状语从句作为强调成分进行改写的例子。

write "it"　After coming back from our experimental school, Lucy wrote an article . The Experimental School Affiliated to No.2 Middle School of SJZ has a long history. It has been 13 years since this school was built up. Although it is the first time that I visited the beautiful campus, it really has left me a deep impression. It is my dream to be among the lucky ones of this school. However, it won't be long before I take part in the entrance exam of senior high school. So, it is high time that I should work hard.	第 12 张 课件是一篇短文，里边包含了 it 的六种不同用法。

write "it"　Can you write an article about our Class 13 using "it"? 	第 13 张 课件是课后作业，要求学生写一篇介绍班级情况的短文，注意使用 it 的各种用法。

　　从 J 老师的这节语法复习课课例中，我们看到她的教学目标是讲授 it 的各种用法，主要是在各个句子层面下展开讲解（见第 2—11 张课件）。教师在课堂后半段时间里安排学生阅读一个书面语篇，布置学生模仿写作一个短语篇（见第 12—13 张课件），都是围绕 it 的各种用法所做的语法项目复习。我们看到，这节语法课教师侧重从句子成分、句型和补充书面语篇方面，指导学生复习巩固和运用该语法项目。这样的偏重句子层面的语法复习课，在高中英语课堂上比较常见。

4.2.4.2　后期的语法课课例出自石家庄二中实验学校 L 老师，有 12 张课件。这是一节关于动名词充当主语和宾语的语法复习课。

第 1 张

课件介绍了本节语法复习课的内容——doing 充当主语和宾语的语法项目。

Have you ever seen these signs?

parking, spitting, littering, smoking

-ing forms

第 2 张 课件给出了生活中常见的四个标识（其中的英文内容里都含有"动词＋ing"形式），让学生看到这一语法形式在实际生活中的应用，以加深他们对语法形式构成和语用意义的理解。

- <u>Doing</u> is better than saying.
- <u>Reading</u> enriches the mind.
- <u>Helping others</u> is the source of happiness.
- <u>Getting mad at others</u> means other people are getting control of my emotions.
- <u>Hating people</u> is like burning down your own house to get rid of a rat.

- **It is no use <u>crying over spilt milk</u>.**
- **It is worthwhile <u>reading the book</u>.**

第 3 张

课件列出了"动词＋ing"形式充当主语的七个句子，并用下划线加以突出，造成了强烈的视觉效应。

Now you try

- You say a sentence including "doing" and then ask your friend to say another one.

It - 形式主语 + v-ing　常见句型

It + be + no use/good/fun doing …

It + be + useless doing …

It + be + a waste of time doing …

It + be + worthwhile/worth doing …

第 4 张

课件布置学生两人一组模仿所给的句型，进行接力式造句，通过练习强化对该语法形式的理解。

2.　作宾语—入门篇

动宾

I can't imagine living alone in a foreign country.
They are considering buying a house.

介宾

The Chinese are good at playing ping-pong.
He answered the question without thinking.

第 5 张

课件展示了"动词+ing"形式充当宾语的四个例句，介绍动词宾语和介词宾语用法。

作宾语—提高篇

- 动名词作宾语打怪口诀

避免错过少延期	avoid, miss, delay
建议完成多练习	advise, finish, practise
喜欢想象禁不住	enjoy, imaging, can't help
承认否定与嫉妒	admit, deny, envy
逃避冒险莫原谅	escape, risk, excuse
忍受保持不介意	stand, keep, mind

第 6 张

课件是动名词作宾语的语法口诀，教师以此方式提高学生本语法项目的掌握水平。

- 你这车需要充气（fill）了。
- Your car needs filling.
- 这个问题需要认真研究。
- The problem requires studying carefully.
- 这些树需要浇水了。
- The trees want watering.

"表里不一" 怪

第 7 张

课件引导学生关注该语法形式在使用中的字面含义和实际含义不一致之处，以加强学生对该语法项目的认识。

			第 8 张
have	difficulty trouble problems fun pleasure a hard time a good time	**(in) doing sth.**	课件列出了含有该语法形式的一系列固定搭配，帮助学生进一步拓展认识。

好了，现在，聊点别的

- **I wonder, Mr. Adams, if you'd mind us asking a few questions.**
- Would you mind telling us the story?
- Would you mind Tom's telling us the story?

Visiting the Great Wall is a great experience.
Tom's visiting the Great Wall is a great experience.

Tom 被抓使我们很惊讶。
Tom's being caught surprised us.

第 9 张　课件列出了含有"动词＋ing"形式的几组句子，教师以此引导学生区分其不同的语法作用。

经典例题

- While going shopping, people sometimes can't help <u>being persuaded</u>(persuade) into buying something they don't need.
- <u>Being invited</u>(invite) to the party was a great honour to the family.
- Many customers complain of <u>having been given</u>(give) short weight at that shop.

第 10 张　课件上有三个例句，都含有表达现在和过去时间被动式的"动词＋ing"形式。教师通过对比方法加深学生对该语法形式的感性认识。

第 11 张

课件的内容是教师准备的一个表格，里边归纳了该语法项目在一般式、完成式中表示主动和被动意义时的不同表达形式。

gerund

	主动形式	被动形式
一般式	doing	being done
完成式	having done	having been done

看图说话（using v+ing）

His jumping three meters amazed everyone present.

The students' cheering for him deeply encouraged him.

第 12 张 课件给出了两张运动会的图片，在说明文字部分使用了"动词＋ing"的语法形式。

通过这 12 张课件，我们可以看到这节课例的以下特点：

第一，这节课例体现了语法教学的三维观，即意义、形式和功能三者有机结合，相互之间没有脱节。第 2 张课件中的标识图片和最后一张课件中的运动会图片着重反映了此语法项目的实际运用，第 3、5、7、9、10、11 张课件侧重于让学生观察此语法项目的例句形式，而第 4、6、8、12 张课件则侧重展开此语法形式的模仿练习。

第二，这节课例体现了教师在语境中教授语法的强烈意识。展示含有非谓语动词的标识图片和校运会的图片，给学生提供了鲜活的语境，消除了学生对此语法项目一直存在的距离感和恐慌感。如果能增加书面语篇进行该语法项目的教学，则更能体现新课标所提倡的在语篇中教授语法的新理念。

第三，这节课例体现了归纳法的语法教学方法。教师先给出多个例句让学生观察，然后再用口诀或表格归纳。这种语法教学的策略与传统的脱离语境讲解语法、偏重机械地操练句型的教法有明显不同。

4.2.5　前后期两节写作课课例

4.2.5.1　前期的写作课课例出自石家庄四十二中 Z 老师，有 11 张课件。

Unit 4　reading & writing

appreciating and writing news

第 1 张
课件表明本课课型是读写课，内容是新闻阅读与写作。

Cyclists Ready to Go on the Road for Disaster-hit Areas

What do you want to know about the news?

From July 5 to 28, a team of cyclists known as Bikers for Disaster-hit Area will ride their bikes 1888km From Lijiang, Yunnan Province, to Lhasa, Xizang Autonomous Region.

第 2 张　课件介绍了新闻的背景，涉及时间、人物、地点和行为方式。

Cyclists Ready to Go on the Road for Disaster-hit Areas

Body
（主体）

From July 5 to28, a team of cyclist known as Bikers for Disaster-hit Area will ride their bikes 1888km From Lijiang, Yunnan Province, to Lhasa, Xizang Autonomous Region .

Lead
（导语）

The team has a big meeting in Beijing on June 3 to talk about their plan. The cyclists hope to raise money to help tens of thousands of children in disaster-hit areas in China. The cyclists come from China, the US, Europe and other places. Both men and women will ride. Their ages are from 25 to 65. Before their trip this summer, the group hopes to collect 1 million *yuan* to give to the schools which help the children in those natural disaster-hit areas.

Headline
（标题）

End
（结语）

The help of the cyclists will bring hope to the schools and children in the disaster area.

第 3 张　课件给出了新闻文本，并提醒学生阅读新闻时注意四个要素——标题、导语、主体和结语，教授学生学习新闻体裁。

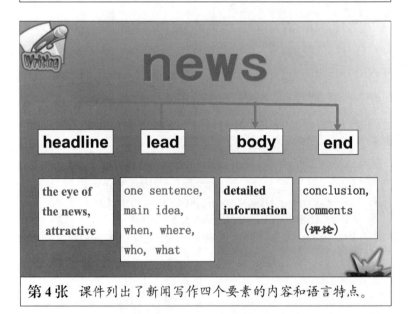

第 4 张　课件列出了新闻写作四个要素的内容和语言特点。

Language characteristics(语言特点)

direct
simple and short statements
accurate

examples

第5张 课件介绍了新闻写作的三个语言特点：直接、简短和精准。

after reading

1. Where can you find the <u>main idea</u> of the news?

2. List as much <u>detailed information</u> as possible about the news.

第6张 课件问学生如何找出这篇新闻的大意，并让学生列出关于所读新闻的尽可能多的细节信息。

writing task

2018年1月21日，石家庄四十二中高一学生萌和杰在石家庄联强小区参加志愿活动(打扫街道，铲除墙上的旧报纸，和居民聊如何建设更美的社区)。小区居民很感激志愿者的友善，决心要建设一个更美丽的联强小区。假如你是校报的英语记者，请按下列要点用英语写一则100词左右的新闻报道。

第7张 课件给学生布置了课上写作任务：撰写一条关于本校同学参加社区活动的英文新闻报道。

outline

headline	Students Take Part in Voluntary Activity	
lead	when，where，who， what	
body	detailed information	1. 打扫街道 2. 铲除墙上旧报纸 3. 和人们聊如何建设更美联强 4. 感激……下决心……
end	comments	他们的行为为其他 人树立了榜样……

第 8 张
课件以提纲的方式，提示学生注意新闻的四个要素，以及各部分的撰写内容和语言表达方式。

self check-up

| Transitional Words & Phrases (衔接词) | at the beginning, what's more, besides, in addition, finally … |
| Errors | |

第 9 张
课件提醒学生注意衔接词的使用。

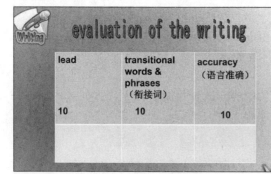

evaluation of the writing

lead	transitional words & phrases （衔接词）	accuracy （语言准确）
10	10	10

第 10 张
课件列出了三条写作评价标准：导语、衔接词和语言准确性。

Homework

Improve your writing after class.

1. 新闻语言的特点
2. 高级度的提升
3. 书写美观

第 11 张
课件给学生布置了课后作业——进一步完善课上写作的新闻，并要求学生在此过程中注意新闻语言的特点、语言表达方式和书写的美观性。

　　从这节写作课课例中我们可以看到，授课教师的写作教学目标是围绕新闻体写作的语篇结构和语言表达特点，结合文本、表格和思维导图等手段，引导学生观察和理解（第3—5张课件），然后布置学生模仿写作一篇介绍本校同学参加社区活动的新闻稿。在学生写作之前，教师列举了内容提纲、语篇结构、语言表达方式，以及新闻写作要素和评价标准（第8—10张课件）。这样的读写课在目前比较常见，但在2018年她们借助课题开始摸索和研究的时候属于比较超前的水平。

4.2.5.2　后期的写作课课例出自石家庄四十二中 X 老师，有 13 张课件。

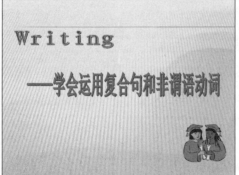

	第1张
Writing ——学会运用复合句和非谓语动词	课件表明这节课的课型是写作课，教学目标是要求学生"学会运用复合句和非谓语动词"（进行写作）。

文本表达有何亮点？	**第2张**
① Shooting, originated as a means of survival, developed into a sport only in the late 19th century. ② The sport , which first appeared in 1896, was ever suspended during the 1904 and 1928 Games. ③ It was only four years before the sport returned to the Olympics. ④ However, not until 1968 were women first allowed to compete in the Olympic shooting. ⑤ With the sport becoming more and more popular, it has grown steadily from just 3 shooting events at the 1896 Olympic Games to 17 today.	课件是教师提供的一个短语篇，内容是射击项目的发展简史。该文本包含五个简单句、复合句和主从复合句。

Here are 3 ways to make sentences:

I. 巧妙运用短语，写出规范的简单句：

1) 借助名词短语做同位语

李立，男，19岁，1986年生；籍贯：广东。

Li Li, a boy of 19, was born in Guangdong in 1986.

2) 借助介词短语做定语

李飞，男，10岁，棕色短发，身穿白色茄克。

Li Fei is a ten-year-old boy with short brown hair and a white jacket.

| 第 3 张 |
| 课件介绍的是简单句的两种造句方法。|

---

3) 借助介词短语做状语

有了Tom的帮助，我们很快就找到了他们的村子。

With the help of Tom, we soon found their village.

4) 借助非谓语动词短语做定语或状语

他们站在大树下，等待着总统的到来。

They are standing under the big tree, waiting for the president.

| 第 4 张 |
| 课件介绍了简单句的另外两种造句方法。|

II. 巧用连接词，写出规范的并列句：

他给我钱，我不要。

He gave me a lot of money but I refused.

我刚到拐角处，就看见你啦。

I was just walking down the street corner when I saw you.

| 第 5 张 |
| 课件介绍的是并列句的造句方法，即用连接词（如but, when 等）组成并列句。|

III. 用好从句和引导词，写出规范的复合句

1) 名词性从句

老师生气。原因：王力迟到。

That Wang Li came late to school made the teacher very angry.

2) 定语从句

中国，地处亚洲东部；特点：地大物博、人口众多。

China, which lies in the east of Asia, is a great country with a large area and population as well as rich natural resources.

3) 状语从句

雷锋还活在我们心中，我深受感动。

I was deeply moved by this, because I know Lei Feng is still living in our hearts.

| 第 6 张 |
| 课件介绍的是主从复合句的造句方法。|

学会运用复合句和非谓语动词

用一句话表达

① Kate is a new student.
② She comes from a northern province.
③ She speaks a dialect.
④ We find it hard to understand her dialect.

Kate, a new student from a northern province, speaks a dialect **which we find hard to understand.**

第 7 张
课件给出了把四个单句合并成一个主从复合句的例子。

学会运用复合句和非谓语动词

不是人人都能学好英语，小学生同时学汉语和英语反而会影响汉语学习。

第一步：拆分成几个简单句
第二步：分别翻译这几个简单句
① Not everyone is good at learning English.
② Children from primary school learn English and Chinese at the same time.
③ This will affect their Chinese study.
第三步：合并句子
A. That children from primary school start to learn English and Chinese at the same time will affect their Chinese study because not everyone is good at learning English.
B. If children from primary school start to learn English and Chinese at the same time, this will affect their Chinese study because not everyone is good at learning English.

第 8 张 课件是另一个组句示范，难度有所提升。教师给出两句汉语，然后将汉语句子分拆并译为三个英语简单句，最后组合成表达同样意思的两个英文复合句。

学会使用复合句和非谓语动词

你来试试

现象	学生作文中出现很多错别字
原因	1. 上网聊天时经常使用网络语言。
	2. 每天有很多作业做，没有记住生字。

要求：1. 用两句话表达表格内容
　　　2. 两句话要有连贯性

参考词汇
错别字：**wrongly-written characters**
网络语言：**web language**

第9张
课件是给学生布置的第一个组句练习，教师给出三句汉语和两个供参考使用的英文词组。

第一句（两个信息点）

1. 学生作文中出现很多错别字
2. （他们）上网聊天时经常使用网络语言。

① There are many wrongly-written characters in students' compositions.
② They often use Internet slang words when chatting online.

合并句子：

The reason why there are many wrongly-written characters in students' composition is that they often use web languages when chatting on line.

第10张
课件是学生做完练习后教师提供的要点和英文答案，让学生及时进行核对。

实战演练： 以下是你根据图画内容和题目要求，经过观察、整理排列成的五个信息块，请分别用一个句子表达出来，并组成一篇连贯性的短文。

1. 一个乞丐在路边讨钱(ask for money)。李先生匆匆赶路上班，没有注意到那个乞丐。
2. 乞丐很生气，伸出(stick out)拐杖，差点把李先生绊倒了(trip over)。
3. 李先生意识到他是个残疾人，便在口袋里找钱给他。
4. 李先生拿出了一张百元钞票(a 100-yuan note)。突然一阵风把钞票吹到了空中。
5. 乞丐迅速跳起来去追那张钞票。李先生站在那里，惊得合不拢嘴。

第11张
课件是第二个练习，要求是组句成篇。教师提供一张图片和五个中文句子，让学生据此写成连贯的英文短文。

	第 12 张
A beggar One day, Mr. Li hurried on his way to work. A beggar on the roadside was asking for money. Mr. Li paid no attention to him. The beggar got angry and stuck out his walking stick. It almost tripped Mr. Li over. <u>When realizing</u> the beggar was a disabled person, Mr. Li began to search for some money in his pocket to give him. He took out a 100-yuan note, but it was suddenly blown into the air by the wind. Seeing this, the beggar jumped quickly to run after the note. It made Mr. Li <u>so</u> surprised <u>that</u> he stood there <u>with</u> his mouth open.	课件的内容是教师针对第 11 张课件上的练习给出的示范，即先把上述五句中文翻译为较简单的英文句子。教师用下划线来突出连接成分，提醒学生注意其用法。

	第 13 张
A beggar One day, when Mr. Li hurried on his way to work, a beggar on the roadside was asking for money, but Mr. Li paid no attention to him. As a result, the beggar got angry and stuck out his walking stick, which almost tripped Mr. Li over. Realizing the beggar was a disabled person, Mr. Li began to search for some money in his pocket to give him. He took out a 100-yuan note, which was suddenly blown into the air by the wind. Seeing this, the beggar jumped quickly to run after the note, which made Mr. Li so surprised that he stood there with his mouth open.	课件是教师展示的示范语篇，使用了前面教授过的各种技巧（短语、连词、非谓语动词、从句等）。

在这节后期写作课上，教师紧紧围绕语篇衔接连贯写作的目标，用大量例子向学生示范组句的多种常见方法（使用短语、连词、非谓语动词、从句等，见第 2—6 张课件）。同时，教师不忘细致地介绍组句的思路与步骤，以利于基础较弱的学生领会和掌握教学内容。

此外，教师在讲解之后马上组织学生进行练习，从简单的组句开始，逐步过渡到组句成篇，让学生充分理解语篇衔接连贯的作用（见第 7—13 张课件）。由此可见，这节写作课目标明确，讲练结合，教学活动逐层展开，教学目标得到有效落实。教师在教学中使用的语言丝丝入扣（以范例点拨学生），而且提供空间和时间给学生内化（提供思路），最后引导学生学以致用（提供练习和答案反馈）。我们看到了 input-intake-output 这个教学过程在写作课堂上的一次很好体现。

4.2.6　前后期十节课例特点对比

周红课题组的十节课例涉及阅读、词汇、语法等高中常见课型，我们从中看到了测评课题的行动研究给课题组授课教师带来的一些变化。

一、在课题前期，授课教师刚刚开始尝试利用"优诊学"测评数据去了解学生的薄弱环节，以此作为制订课堂教学目标的参考之一，这时还显得比较生硬。到了后期，教师已经能够非常熟练地运用"优诊学"诊断测评系统发现学生的薄弱环节，进而精准设置具体课型的教学目标，并在课堂教学中有意识地对学生进行点拨、示范和提醒。比如，M 老师阅读课的其中一个教学目标就是"确定句间逻辑"，为此进行了有目的性的阅读微技能训练。又如，Z 老师的词汇课是紧紧围绕让学生在"语言运用"中理解词汇、了解文本结构和开展写作学习等策略而展开的。

二、在课题前期，授课教师在课堂前半段的输入部分比较偏重对例句进行讲解，到了后期则可见到教师的语篇意识明显增强。教师通过提供语篇实例，对学生进行精心引导和点拨，并且结合实际运用的语境，也即新课标所突出的要求，按照思维的逻辑性、批判性和创新性，有层次地设计各项课堂学习活动，改变了人们过去对高中英语课堂教学的刻板印象——课堂内容理解表面化、语言技能训练形式化、思维培养浅显化等，而代之以内容理解主题化、技能训练层次化和思维培养梯度化等。

三、课题前期存在着输入和输出部分不对接，讲解粗放、不够精准的问题，比如课堂前半段教师的举例都是孤立的句子，但是课堂后半段给学生布置的任务却是完整的语篇，这显然增加了学习难度，降低了学生的自信。到了课题后期我们发现，课堂前半段教师示范、点拨的内容与课堂后半段布置学生完成的任务开始平行对接，这降低了学生模仿运用的难度，提升了学生的自信。例如，Z老师把学生的薄弱环节如阅读与词汇、语篇体裁的作用和批判性思维都融合在了这节课例之中；J老师针对学生在语法学习中难以把意义、形式和运用相统一的弱点进行了教学内容的有机整合；X老师的写作课注重把体裁结构、内容和语言特征融于一体，给学生提供了清晰的示范，等等。

4.3　王学锋课题组的四节写作课课例

4.3.1　前期两节写作课课例

4.3.1.1　王学锋课题组前期第一个课例（2018年5月）出自太原市育英中学C老师，有10张课件。

Step 1 Lead-in (2 min)

T: Every morning when I go to work, I come across a traffic jam. Have you ever had such an experience? What do you usually do when you are caught in the heavy traffic?

Students give the answers.

(The teacher raises these questions related to their daily life to introduce the topic.)

T: A man in Germany has a good idea to keep himself away from the traffic jam. Can you guess what his idea is? Let's read a passage.

(to arouse the students' interest and introduce the following reading material)

第 2 张　课件是第一个步骤：导入。在此步骤中教师与学生进行了约 2 分钟的启发式交谈。

Step 2 Reading (10 min)

Most people in Munich, Germany, spend hours stuck in traffic or trying to squeeze（挤）into one of the overcrowded subway trains every morning. But for 40-year-old Benjamin David, going to work is actually a relaxing experience. Every day, he jumps into the Isar River and swims two kilometers to his workplace.

Two years ago, Benjamin decided that he needed to find a simpler way to work and the Isar River seemed like the obvious answer. It flows right past his apartment. Every morning, Benjamin leaves his apartment, crosses the street and jumps into the Isar River. He has to swim two kilometers to his office, which usually takes him about half an hour. Once there, he dries himself with a towel, puts on a t-shirt and waits for his colleagues（同事）to get through the heavy traffic, by enjoying a cup of coffee at a cafe.

Depending on the season and temperature of the water, Benjamin will put on a simple pair of shorts or a wet suit, but he always wears shoes to protect his feet. People throw all kinds of things in the river, from glass bottles to bicycles, and the shoes provide protection.

But, even so, swimming in a river can be dangerous. Every morning, before leaving for work, Benjamin goes online and checks the water level, and the temperature. If everything is within safe limits, he heads for the river, but if not, he will choose one of the traditional means of transport.

Right now, Benjamin is the only person in Munich who uses the river to go to work, but with around 30,000 new people moving to the German city every year, traffic isn't getting any better, so he expects some of the citizens will be joining him for a daily swim soon.

第 3 张　课件布置学生阅读一个关于交通拥堵的书面语篇，介绍一个德国人躲避交通拥堵的做法——通过在河里游泳的方式去上班。（阅读时间 10 分钟）

Step 2 Reading (10 mins)

Questions:

•Why swimming to work is a relaxing experience for Benjamin?
•Why does Benjamin wear shoes while swimming?
•Does Benjamin swim to work every day?
•Do you think traffic conditions in the city where Benjamin lives will be improved? Why?
•Do you think swimming to work is a good idea?

第4张 课件给出了教师的五个思考题，检查学生是否理解了该语篇内容。（教学时间包含在第3张课件安排的10分钟内）

Step 3 Complete the sentences (10 mins)

●The teacher offers two passages and asks the students to work in pairs to finish the task.

●The teacher invites some students to show their answers and asks others to help them correct the answers.

The students have problems in writing complete sentences and often make lots of grammatical mistakes. So I choose two model compositions and take out some sentences including some cohesive markers. This activity is designed to help the students make complete and correct sentences, and if possible, make beautiful or more advanced sentences. What's more, the two model compositions can serve as the reference for the students.

第5张 第5—7张课件是教师布置学生完成的两个短文填空练习，要求学生注意语篇衔接的标识语，写出完整的句子。（时间为10分钟）

Step 3 Complete the sentences (10 min)

9月22日，你所在的城市和另外107个城市开展了"无车日"活动，倡议人们选用公共汽车、自行车或采取步行等绿色交通方式来代替开私家车。该活动得到了全国人民的支持，提高了人们节约能源与保护环境的意识，活动很成功。下面请你用英语写一篇短文介绍该活动，并谈谈开展该活动的必要性，号召更多的城市和居民参与到该活动中来。

Car-free Day was launched in our city and 107 other cities on September 22, to＿＿＿＿＿＿＿＿（鼓励人们使用公共交通）＿＿＿＿＿＿（骑自行车或步行）instead of＿＿＿＿＿＿＿（驾驶私家车）.

The campaign has gained much support all over the country and has raised awareness among all people of energy saving and environmental protection. It's a real success.

＿＿＿＿＿＿＿＿＿＿＿＿＿＿＿＿＿＿＿＿＿＿＿＿＿（随着经济的发展，越来越多的家庭可以买得起汽车），thus＿＿＿＿＿＿＿＿＿＿＿＿＿＿＿＿＿＿＿＿（导致更加严重的交通问题和空气污染）. Therefore, I think it's necessary to launch such campaigns. And I hope more and more cities and their residents will take part in this type of activity.

第6张 课件的内容是第一篇短文，要求学生根据括号里的中文提示完成英文句子。

Composition 2

我国是第一自行车大国，但随着经济的发展，越来越多的家庭购买了小汽车。请写一篇100字左右的短文阐述自行车的优点。

Compared with cars, bicycles have many advantages. Firstly, they are not so expensive as cars and almost every family can afford to buy them. Secondly, riding bicycle is a healthy form of exercise. They＿＿＿＿＿＿＿＿（对我们的健康有好处）. Thirdly, bicycles can ＿＿＿＿＿＿＿＿＿＿＿＿＿（节约能源并且不会造成任何污染）. As we all know, China is a country with a large population. If each family has a car, a large amount of energy would be wasted and air pollution would become more and more serious. Finally, most Chinese people don't live far away from where they work or study,＿＿＿＿＿＿＿＿＿＿（所以骑自行车很方便）. I think that is＿＿＿＿＿＿＿＿＿＿＿（自行车被广泛使用的原因）.

第7张 课件是第二篇短文，也是要求学生根据括号里的中文提示完成英文句子。

Step 4 Writing (15 mins)

Ask the students to write a passage individually.

假如你是李华，最近你收听了太原交通广播的节目，节目组号召全市人民为解决本市的交通拥堵问题献计献策。请你给节目组编辑写一封信，要点如下：
1. 分析交通拥堵产生的原因。
2. 提出解决交通拥堵问题的办法。
注意：1. 词数100左右。
2. 可以适当增加细节，以使行文连贯。

Dear editor,

_____

_____

Yours
Li Hua

第8张 课件是一个课上写作练习任务，要求学生在15分钟内写一封英文书信。

Step5 Peer-evaluation (8 mins)

The teacher chooses 2 or 3 compositions and presents them on the screen via the episcope. Ask the students to correct the mistakes and offer some advice.

(The compositions on the screen are good samples. They help the students realize their own mistakes and weaknesses because they have them in common. So making corrections and offering suggestions is actually a process of self-examination. In this way, they can be more aware of their problems. Pay special attention to the grammatical mistakes, cohesion and coherence, as well as the choices of the words.)

第9张 课件是同学互评环节。教师选出2—3篇学生中写得较好的书信在全班展示，由同学纠错和提出修改建议。

> **Homework**
>
> Polish your composition. Try to use more advanced words and expressions and avoid mistakes.
>
> (The time in class is too limited for the students to thoroughly revise their compositions. So more work should be done after class.)

第 10 张 课件是布置的课外作业。教师要求学生润色课上写作的书信，尽可能使用高级的词汇和表达法，避免语法错误。

本节 45 分钟的写作课表明，授课教师比较注重输入和输出的关系。前面输入部分阅读一个短的书面语篇（见第 3—4 张课件），侧重检查学生对语篇内容的理解，时间为 10 分钟。中间练习部分是 2 个短语篇填空练习（见第 5—7 张课件），侧重语法和衔接手段标识语，时间也是 10 分钟。后面的输出部分 23 分钟，教师布置学生独立完成一封书信写作（15 分钟），对这封书信的写作有内容、语言衔接连贯等要求，然后同学之间进行相互评价（8 分钟）。从中我们不难看出，授课教师有一定的语篇意识（如涉及衔接标识语），但是在课堂上的教学处理还不够精细：输入部分（阅读理解语篇内容）、内化部分（完成语篇中的英文句子填空）与输出部分（独立完成书信写作）三者之间各自独立，没有完整平移对接，造成学生输入和内化的是分散的要素，而输出的是完整的要素，因此完成的难度特别高。这节课从内容安排、时间分配到学习质量方面应该会大打折扣，效果不容乐观。

4.3.1.2　王学锋课题组前期第二个课例出自太原五十三中 L 老师和 Z 老师，有 12 张课件。

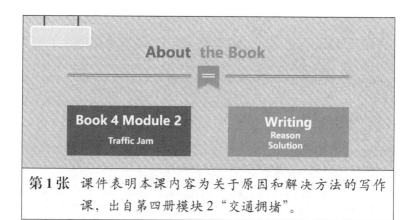

第 1 张　课件表明本课内容为关于原因和解决方法的写作课，出自第四册模块 2 "交通拥堵"。

太原市五十三中 175 班高一（下）写作微能力诊断报告								
	识别语篇衔接连贯	识别语篇语言特征	内容的传达	词汇的运用	语法的运用	衔接连贯的运用	写作常规的掌握	写作字数的把握	篇章结构的把握
班级总体	8	16	21	16	14	17	15	27	22

第 2 张　课件是该班"优诊学"写作微技能测评结果，语法项目只有 14 分（满分是 30 分）。

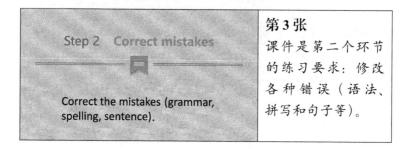

第 3 张
课件是第二个环节的练习要求：修改各种错误（语法、拼写和句子等）。

Traffic jams are becoming increasingly serious nowadays especially when the roadworks for underground begin. This has caught the public's attention.

The problem has some reasons. First, more and more cars make the road congestion. Second, limited parking areas cause everywhere have cars. This makes difficult for traffic to flow smoothly. And people don't follow the traffic rules, especialy cyclists and pedestrians. And it makes the situation more worse.

For solve the problem, both the government and the citizens should do something. First of all, Taiyuan needs to build more ring roads and wide old and narrow streets. Besides, the city should build more parking lots. Also, the city should take some measures to raise people follow traffic rules awareness. For example, people would face both a fine and a lesson of at least 1 hour if they break traffic rules. Lastly, people are supposed to travel around by public transport such as buses and ofo bikes.

第 4 张　课件是学生的一篇作文，教师让全班学生挑出里面的错误。

The problem has some reasons. First, more and more cars

make the road congestion. Second, limited parking areas cause
        congested

everywhere have cars. This makes difficult for traffic to flow
              it

smoothly. And people don't follow the traffic rules, especialy
                         especially

cyclists and pedestrians. And it makes the situation more worse.
                                    much

第 5 张　课件的内容是上述作文的第二段，文字里标出了 3 个语法错误和 1 个拼写错误。

The problem has some reasons. First, more and more cars

There are some reasons for this.

make the road congestion. Second, limited parking areas cause

congested　　　　　　　　*limited parking areas lead to*

everywhere have cars. This makes difficult for traffic to flow

cars parking everywhere　　　　*it*

smoothly. Third, people don't follow the traffic rules, especialy

especially

cyclists and pedestrians. And it makes the situation more worse.

much

第 6 张　课件标出了同一段文字在句子表达问题上的错误。

---

combine the two sentences into one

Step 3　Vary the sentences

There are some reasons for this. First, more and more cars

make the road congested. **Second, limited parking areas lead to**

cars parking everywhere, which makes it difficult for traffic to

flow smoothly. Third, people don't follow the traffic rules,

especially cyclists and pedestrians. And it makes the situation

much worse.

第 7 张　课件是第三个教学环节——变换句式。教师展示修改
之后的语篇，这个练习的要求是将两个简单句合成为
一个复合句。

---

combine the two sentences into one　　**use Subject clause**

There are some reasons for this. First, more and more cars

make the road congested. (Second), limited parking areas lead to

cars parking everywhere, which makes it difficult for traffic to

flow smoothly (Third,) **it makes the situation much worse that**

people don't follow traffic rules. **, what makes the situation**

much worse is that people don't follow traffic rules.

第 8 张　继续修改上述语篇，将两个句子合并为主语从句。

use passive voice

To solve the problem, both the government and the citizens should do something. First of all, Taiyuan **needs to build** more ring roads and widen old and narrow streets. Besides, **more parking lots should be built.** Also, the city **should take** some measures to raise people's awareness of obeying traffic rules. For example, people would face both a fine and a lesson of at least 1 hour if they break traffic rules. Lastly, people are supposed to travel around by public transport such as buses and oto bikes.

第 9 张　课件继续修改上述语篇，要求是使用被动语态。

Practice

第 10 张
课件提示课堂至此
进入练习环节。

Bike-sharing systems have been increasingly popular across the country. It makes our life more convenient. However, some people drop their bikes off at any location.

　　This problem has some reasons. First of all, poor management is the main cause. There is no specific rule for parking. Some people don't have necessary awareness of others' needs. This is another reason.

　　In order to solve the problem, the following suggestions may work. The bike-sharing company should build some parking stands. Also, they should take some measures to raise people's awareness of using the bike properly. If they do not park their bike at the stand, they will face a fine or punishment. For example, they will not be allowed to take shared bikes any more.

第 11 张　课件是教师提供给学生的一个短语篇，要求学生用前
　　　　面所教的多种句式进行改写。

Bike-sharing systems have been increasingly popular across the country, **which makes our life convenient.** However, some people drop their bikes off at any location.

This problem has some reasons. First of all, poor management is the main cause. There is no specific rule for parking. Another reason is that some people don't have t necessary awareness of others' needs.).

In order to solve the problem, the following suggestions may work. The bike-sharing company should build some parking stands. Also, some measures should be taken to raise people's awareness of using bike properly. Anyone who doesn't park their bike at the stand will face a fine or punishment. . For example, they will not be allowed to take shared bikes any more.

第 12 张 课件是学生所完成的修改，运用了定语从句、宾语从句、被动语态等句式和语态。

从这节写作课中我们看到，授课教师具备一定的语篇衔接意识，教学目标围绕写作中的语法运用（变换句型、合成简单句为主从复合句、使用被动语态等）展开。教师首先以学生的作文为例讲解句式变换与合成方法（第 4—9 张课件），这是课堂的输入和内化部分的结合。在输出练习部分，教师提供了一个短语篇，要求学生对其修改、合并和改写句子，并提供答案给学生核对，这是课堂输出部分。显然，这种将写作教学与语法教学结合的做法比较普遍，教师讲解之后布置学生做相应巩固练习，应该会有一定的效果。

4.3.2 后期两节写作课课例

4.3.2.1 王学锋课题组后期第一个写作课课例（2018 年 12 月 29日）出自太原市育英中学 F 老师，有 12 张课件。

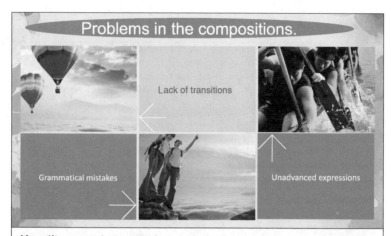

第1张　课件点出学生作文中存在的三个主要问题：语法错误、
　　　　缺乏过渡、表达方式不够高级。

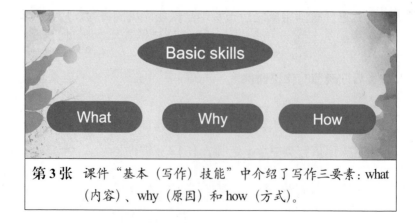

第2张　课件给出本节课的三个教学步骤：分析写作技能、分
　　　　析学生写作困难、完善写作。

第3张　课件"基本（写作）技能"中介绍了写作三要素：what
　　　　（内容）、why（原因）和how（方式）。

Transition words

LINKING WORDS IN ENGLISH

Emphasis	Addition	Contrast	Order
Undoubtedly	Additionally / an additional	Unlike	First/ firstly
Indeed	Furthermore	Nevertheless	Second/ secondly
Obviously	Also	On the other hand	Third/ thirdly
Particularly / in particular	Too	Nonetheless	Finally
Especially	As well as that	Despite / in spite of	At this time
Clearly	Along with	In contrast (to)	Following
Importantly	Besides	While	Previously
Absolutely	In addition	Whereas	Before
Definitely	Moreover	Alternatively	Subsequently
Without a doubt	not only ... but also	Conversely	Above all
Never	In addition to this	Even so	Last but not least
It should be noted	Apart from this	Differing from	First and foremost

第 4 张　课件给出四组功能衔接词，表达强调、增加、对比和
顺序的含义。

Correct the students' sentences (group work)

Expressions with grammatical mistakes.

Wechat is become more and more popular
among us. No matter when we are, on the train, in
a coffee shop, even walk on the street, we always
find people using Wechat around us.

No matter where we are, on the train, in a
coffee shop, even walking on the street, we always
find people using Wechat around us. So it is clear
that Wechat is becoming more and more popular
among us.

第 5 张　课件给出两段文字，让学生在上下文对比的语境中更
好地理解连接词 so 的功能。

Polish the students' sentences.

Expressions without transition words.

　　Using wechat is very cheap for us,bacause we can keep in touch with each other through the wechat which is cheaper for us . Wechat has various functions .They attract us very much, such as wechat pay, online games and sending lucky money to our friend and so on. It is available everywhere and any time. It is convenient for us to use wechat in our daily life.

To begin with polish

　　Using wechat is very cheap for us,bacause we can keep in touch with each other through the wechat which is cheaper for us . In addition wechat has various functions which attract us very much, such as wechat pay, online games and sending lucky money to our friends and so on. Last but not least, as it is available everywhere and anytime, convenience also accounts for its popularity.

第 6 张　课件通过上下两个文段对比，让学生看到第二段中增
　　　　加了几种衔接方式之后的语言效果。

Expressions without clauses.

　　It also has its disadvantages. It may divert attention from study and it may lead us to focus too much on others' life or we have no time to do the face-to-face communication. To make the matter worse, their relationship could break down.

Expressions with clauses.

　　There is no doubt that wechat also has its disadvantages. For us students, wechat may divert our attention from study ,because we may focus too much on others' life. Furthermore, with the rapid development of the wechat, we have no time to do the face to face communication, which could break down our relationship.

第 7 张　课件通过对比，让学生看到增加了从句之后的第二
　　　　个文段在表达的流畅性、连贯性和准确性方面的
　　　　变化。

Part 3 Writing task

Write an article with the title of "the popularity of microblogging".

1. 近年来"微博"越来越流行，许多人用微博来表达心声，交流想法；
2. 微博流行的原因；
3. 微博可能带来的弊端；
4. 你个人的想法。

第 8 张 课件是教师布置的一个课上写作任务，让学生模仿、巩固所学内容。

Analyze:(group work)

1 What is the "microblogging"?

2 Why is it so popular among people?

3 How can we use it in our daily life?

Make a discussion

第 9 张 课件是教师布置的小组讨论内容，提醒学生从内容、原因和方式三方面进行思考。

Structure sentence

Basic skills

What...

Why...

How...

It is a tool of social media.

It can help people release their stresses and share their own feelings with others.

Detailed information

It can make people connect with each other easily.

It is easy for us to use the micro blog.

Further thinking: Are there any disadvantages?

第 10 张 课件是学生小组讨论后，教师对三个方面写作思路的总结，以帮助学生明确写作结构、写作内容和写作语言表达。

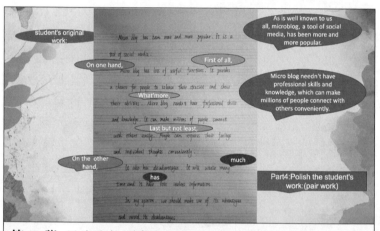

useful sentence structures:

1. It is adj. for sb. to do sth.

2. There is no doubt that ...

3. The reason why ... is that ...

4. It is ... that ...

5. We should make use of sth. and avoid doing sth.

6. As is well known that...

第 11 张 课件列出新学的
六个句型，提示
学生使用新的语
言表达方式。

第 12 张 课件是教师对学生课上一篇习作所做的面批，学生
可以及时看到教师的反馈。教师结合本节写作课的
教学内容，在批改中强调了文本结构、语言表达以
及连接词的运用等注意事项。

　　这节写作课表明，授课老师首先运用语篇实例语境引导学生
理解作文的基本语篇结构、语言表达方式，这种输入方式为之后
学生的模仿练习（输出）做了必要和充分的铺垫。教师在提供上
下文语篇实例的时候，非常醒目地点拨学生注意同位语从句、状
语从句和非限定性定语从句的位置。这个活动的设计反映出教师
已经具有"过程写作教学法"（process-oriented approach to writing

teaching）的理念，教师通过课上引导学生理解、内化和模仿运用，很好地达成了本节课的教学目标。这种教学方式改变了过去常见的将写作练习布置在课外，教与学在内容和时间上脱节的弊端，使写作教学的效果持久地保留在学生的记忆中。

4.3.2.2　王学锋课题组后期第二个写作课课例（2019 年 1 月 10 日）出自太原五十三中 L 老师。此课例以外研版选修六 Module 3 Roy's Story 为例，有 8 张主要课件。授课教师的教学意图是将写作教学与教材话题结合起来，确定写作体裁，通过课堂教学引导学生了解语言风格、文本内容和表达方式，让学生学习和模仿使用描述性语言，使写作内容更细致、更生动。在课上最后的时间里，教师组织学生根据评价标准开展自评和互评。

第 1 张
课件给出模块名称和写作课型。

Module 3 Roy's Story

Writing

He was in the classroom and speaking.

He was standing in the center of a group of boys and was telling a joke.

第 2 张　课件给出一个场景的画面：几个男孩站在教室中，穿黄色小马甲的瑞恩绘声绘色地讲着笑话。教师圈出了主要人物瑞恩，将其与英文句子中的下划线内容对应到一起。教师以此提示学生注意细节描写。

Task 2

logical

When Roy was telling a story, everyone was laughing.

When he finished the joke, everyone started laughing.

reached the final line

burst out laughing

burst into laughters

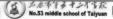

第3张　课件提供了几个同义词组，教师还解释了不同笑声的特点，提醒学生注意形容词对名词的修饰作用，目的是让学生知道什么是精准的语言运用。

be in tears

have tears in one's eyes

tears roll down

fight back tears

第4张　课件中瑞恩穿着小黄马甲，表情悲伤。旁边的四个英文词组分别表示"眼含泪水""眼中噙泪""泪水夺眶而出""忍住眼泪"的意思。教师在此讲授了 tear 的不同搭配和用法。

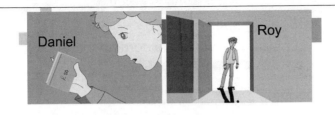

At that moment, the door swung open, and
Roy walked in. When he saw my shocked/
disappointed/angry face, he froze, looking
at me with guilt. with a sad/disappointed smile.

第5张　课件上有两幅图，教师重点色标出了形容词"震惊、
　　　失望和生气"与介词词组"羞愧、悲伤"等。

I was so shocked that I stood still, just looking at him. I
could figure out that Daniel felt embarrased/ guilty
and he said that he would put back the wallet
immediately. I turned round and walked out _____.
silently/ in silence/disappointedly/in disappointment

My mouth fell open and I just looked at him. Roy went
brightly red. "I'll put it back right now," he said, and he
did so. I turned round and walked out without saying
a word.

第6张　课件上有两段文字，教师让学生比较描述的细节。前
　　　一段的描述词语是抽象和概括的，后一段的描述词语
　　　是具体和生动的。这为学生日后写作提供了很好的用
　　　词示范。

Check in pairs. Try to give assessment to your partner's writing according to the table.

Your deskmate could be able to	score				
	5	4	3	2	1
1. The handwriting is neat and the spelling and punctuation are correct.					
2. Use the proper tense to narrate the passage.					
3. Give detailed description to the characters.					
4. Use suitable adj./adv./prep. / phrases to describe the scene or the characters.					
5. Provide an inspiring ending.					

第7张 课件是教师给学生提供的互评表，分为五个档次，涉及书写要求，正确使用时态，用合适的形容词、副词、介词或词组描述现场情景和人物特点，以及结尾是否打动人，等等。

Homework:

1. Write another possible ending to this passage.

2. Assess your writing according to the criterion.

第8张 课件是课后作业，要求学生针对瑞恩突然出现在教室门口的情景，写一个有可能发生的情况作为续写任务，然后根据评价表进行自我评估。

从这8张课件中我们看到，授课教师促使学生留意课文文本中对各类场景、行为、情感的细节描写，目的是使学生掌握记叙文的写作特点。教师在课堂上实施的具体教学步骤是将写作教学与教材话题结合，引导学生感知和体会语言风格、文本内容与表达方式，要求学生模仿所学描述性语言，使自己的记叙文写作更具体生动。最后，教师组织学生根据评价标准自评互评。

通过这节写作课的主要课件内容，我们发现教师的授课具有以下几个特点：

一、教师以图片配合故事，提供了形象的场景；用突出标识的方法凸显了英文形容词、副词和介词的特点；用鲜明、生动的对比方式提供了语言描述示范；最后给出任务让学生思考和进一步进行续写。这一系列的操作使学生体验了从输入、内化到输出的写作学习过程，降低了学生对写作的恐惧感，提升了学生学习写作的兴趣，从而提高了写作课的教学效率。

二、教师非常清楚班上学生对于英文写作的心理障碍，以及他们在内容理解和语言表达上的困难，因此在写作课教学中十分注重对语言表述的示范和点拨，特别强调了各类形容词、副词、介词在使用中的互换表达方式。

三、教师注意拓宽学生的思路，扩大学生的词汇量，帮助学生树立写作信心，为学生最后模仿写作语言和创新写作内容做了充分的铺垫。因此，这是一节非常有实效的高中英语写作课，值得分享。

4.3.3　前后期四节写作课课例特点对比

王学锋课题组前后期的四节写作课案例既有相同之处，也有别具特色的地方。相同之处表现在以下几点：

一、都是写作课型，都有具体的写作教学目标，都展开了有层次的写作教学活动，课堂上都体现出"教师输入—学生内化—学生输出"这样一条前后联系的写作教学纽带。

二、都结合了"优诊学"写作微技能的测评结果，针对学生表现薄弱的环节进行了有针对性的训练，比如强化了对语法运用、语言表达、衔接词使用的练习。

三、在写作教学的方法方面，都是结合语篇短文实例和学生练习进行点拨和指导。

后期课例较之前期也有若干不同的特征：

一、后期的两节写作课例在"输入—内化—输出"上对接比较精准，比如课程末尾布置的写作任务与要求，能够同前面教师示范点拨的内容具体对接，使学生可以更好地感知和理解要求。

二、教师精准了解学生具体的写作困难，比如写作自信心不足、写作方法不当等，进而选择了学生感兴趣的话题材料，从学生写作中最常见的问题，比如语篇结构、语言表达这些比较枯燥的环节入手，辅以思维导图和图片等教学手段，帮助学生扎扎实实地突破了长期阻碍写作能力提高的瓶颈；

三、教师的语篇体裁意识明显增强，对写作中出现的语篇结构、语篇内容、语言表达、衔接连贯等都有非常细致的点拨，而前期授课中教师比较偏重句子语法的讲解。

这三点不同体现了后期教学中教师语篇意识和写作教学意识的增强，最终，该课题组在写作教学课题研究中取得了突出的成效。

4.4　本章十八节课例的整体比较

三个课题组的十八个课堂教学案例包括了高中的读写课、写作课、阅读课、听力课、词汇课和语法课，都是高中英语单元教学的常见课型。在本节中我们来总结一下他们运用行动研究方法开展诊断性测评课题研究所取得的成果，从中可以看到有许多明显区别于以往的崭新的英语教学理念和行为。

4.4.1　高中英语课堂教学新模式

通过对三个课题组前后期十八节课例特点的比较，我们看到高中英语课堂教学出现了一些新模式。

一、课堂教学目标的设置比较精准。在后期，课题组教师课前制订各自课型的教学目标时，通常会结合学生"优诊学"测评的结果，这就使得教学方案更为具体和恰当，使得学生语言微技能的薄弱环节能够得到有针对性的训练，很好地改善了以往教学目标设置偏于空泛、随意的现象。无形中，以往课堂教学目标上任意驰骋的"野马"被纳入了接受管理和约束的有序轨道，具体的教学目标作为课堂教学的指挥棒发挥了良好的定向作用。

二、教师在课堂教学过程中注意前面输入与后面输出的平移对接，降低了学生的学习难度。在后期，课题组教师在布置学生做完整的语言输出性活动（比如话题讨论、文本填空、短文写作等）之前，都会注意在前面提前做好整体性的输入，以对文本内容、语篇结构、语言表达特征的点拨作为铺垫，便于学生输出时参考前面的语言示范和模板，这就明显改变了以往课堂上输入和输出割裂的状况。在过去的语言教学中，语言输入是单一性的（文本内容、语篇结构和语言表达特征分割），却要求学生进行整体性的语言输出，由此产生的陡峭学习梯度影响了学生的学习自信心。

三、在进行教学输入时教师能够结合语篇材料，也比以往重视衔接连贯。在研究后期，各种课型的教师都比较重视展示文本语篇，对学生进行语篇结构、衔接连贯手段的点拨，对文本内容和语言表达的讲解也处理得更为细腻，而不再像过去仅仅是让学生自己看课文。教师在教学方法上重视通过设问引起学生思考，关注学生的情感和需求，能够从学生学习的角度出发，结合现实生活中的实例和语境讲解语言形式和语言功能，而且普遍坚持使用英文释义。

四、教师在课堂上加大了对输入的指导力度，改变了过去课堂上学生输出活动比例过大而教师对输入指导得不足的不合理现象。

4.4.2 高中英语课堂教学新观念

上面介绍的是课题组教师后期英语课堂教学模式的四个特点，

是从教师的课堂教学行为中概括出来的。同时，教师的教学行为也反映出了他们教学新观念的几个特点。

一、教师具有了重视语篇的功能主义语言观。教师在课题研究过程中研读了语篇教学的相关专著，涉及了大量语言功能、语言运用的功能语言学内容，对语篇、语境、语用、衔接连贯等内容的理解不断加深。而在以前，教师受结构主义语言观的影响，偏重语言形式在脱离语境条件下的讲解，比如在教课文之前按照生词表的顺序讲解生词用法。

二、教师调整了自己原有的学生观。学生不是可以填塞的机器和物品，而是有年龄特点、情感特征、不同认知风格特点的人类个体。教师应重视激发学生的学习动机，指导他们完善学习策略，维护他们的学习自信心。

三、教师改变了自己的教学观。教师通过提问激发学生思考，然后提供完整的语篇进行点拨，一改过去碎片化的内容灌输和单向讲解的方式。同时，教师注重在语篇文本实例中点拨、示范，教师讲和学生练之间无缝衔接，教师做到了及时反馈，也强调学生自主学习和反思。

通过对比，我们看到了教师参与诊断性测评课题研究之后呈现出的令人耳目一新的高中英语课堂教学理念和行为，这得益于教师运用了行动研究的方法。在课题实施的过程中，课题组教师需要学习文献，需要参加"学习共同体"的交流，需要收集数据、分析结果，需要相互听课和评课，需要不断调整和改进各自的教学。每个研究环节都会激发他们对自己长期持有的教学理念和行为的反思，进而逐步微调，不断完善。而这正是行动研究课题促进英语教学发展的范例。

本章分享了黄菊、周红和王学锋三个课题组的教学研究成果。课题组中的高中英语教师结合所在团队的研究课题，通过测评了解学生语言知识和语言技能运用当中存在的问题，进而阅读文献，然后在教学策略上采取了有针对性的干预措施。本章所展示的这十八节课例上的主要课件，清晰地显示出教学已经取得了明显的改进效果。后期九节课例的共性是：

一、教学目标清晰完整，且有层次，体现了新课标的核心素养理念和课程六要素整合的导向性，以及教、学、评一体化的理念。

二、教师在课堂上努力落实培养英语学科核心素养的理念，包括三层次的学习活动观（学习理解、应用实践、迁移创新）。教师结合"优诊学"测评工具，发现学生语言微技能的薄弱环节，在教学中有针对性地点拨、示范、鼓励。

三、从对教材的处理上可以看出教师对不同体裁语篇内容、篇章结构和语言表达的细致考量，对课文主题意义引领的重视，对学生思维品质和文化意识的培养。教师对学生语言知识、语言技能和学习策略的训练尤为突出。

四、教师专业素养明显提升，体现在对语篇类型的把握，思维能力的训练，语言知识与语篇、语境的高度融合等处理手法上。

这些共性表明三个课题组的教师在实施课题研究的过程中，认真围绕研究目的和课题内容，通过"学习共同体"的不断沟通、交流与合作，能够**运用新的教学理念和行为替代以往的旧理念和行为**。针对英语教学中一些常见的实际问题（如对语篇体裁和篇章结构点拨不充分；对学生学习动机的激发不足；结合课文语境教学不足；学生开始阅读和写作等学习活动之前教师的提示、点拨、示范不充分；课堂上布置学生开展各种语言理解、内化和输出的活动时缺乏足够的支架、活动链等；作业与课文相关度不足、梯度普遍太高等），课题组教师采取了多种有效措施（如进行充分的点拨、示范和提醒；留出充足时间、提出足够数量的问题让学生讨论、理解和内化；布置有相关性的小梯度课外作业），最终取得了良好的教学效果。

第五章 "优诊学"平台：
助力教学的诊断测评工具

本书从中国基础教育外语测评研究基金首期立项课题 (2017—2019) 中选择了**黄菊课题组、周红课题组**和**王学锋课题组**作为研究对象，这三个课题组的课题名称中含有**"测评""教学""教师""写作""提升"**等字眼。这些课题的实施都与一个名为"优诊学"的在线测评工具有密切联系，因此，本章将全面介绍"优诊学"这个助力教学的测评工具，介绍它的四种主要功能、三类受益对象和三条使用途径。

5.1 四种主要功能

"优诊学"测评工具平台开发于 2014—2015 年，由北京师范大学外国语言文学学院外语测试与评价研究所承担学术指导，外语教学与研究出版社自主研发。这是一个针对高中阶段的英语知识和语言能力诊断评价平台系统，发挥着助力教学的测评工具的重要作用。它不仅汇集了高质量的测试题，可以对高中生的英语词汇、语法、语篇、语用知识，以及听、说、读、写等语言微技能进行诊断式测评，而且能以图表方式立即呈现班级与个人的详细测试数据，方便高中英语教师和学生及时了解教与学的进展情况，为进一步调整教与学的策略提供精准的参考依据。

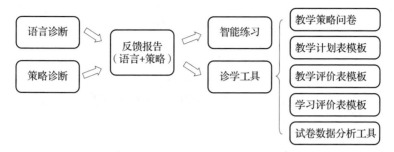

图 5-1 "优诊学"测评工具内容

"优诊学"这个助力教学的测评工具有四大功能，分别是**在线诊断、及时反馈、实施补救和有效提高**（图 5-2），它们通过不断循环来发挥作用，下面逐一介绍。

图 5-2 "优诊学"测评工具的功能

5.1.1 在线诊断

该系统按照英语词汇、语法知识运用，以及听力、阅读、写作、口语等语言微技能而划分细目，设置了各种等值的测试题，便于诊断和追踪检测不同阶段、不同地区、不同水平学生的英语语言知识和语言能力状况。比如，听力能力测试就是以四个微技能（听懂指令步骤、理解主要观点、获取主旨大意、获取细节信息）作为考点组成听力试卷（四项微技能各自满分在 2020 年 4 月平台升级前均为 30 分，升级后为 100 分）。学生做完试卷之后，即刻就能在平台上查阅四项微技能的分数（见图 5-3）。这样的测评方式无疑为教师诊断和了解学生个体的听力状态提供了依据，也方便学生自我了解哪些听力微技能需要加强。

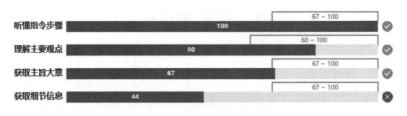

注：点击微技能名称可查看对应能力描述及样题。

图 5-3　某学生的四项听力微技能表现

又如写作能力的测试，根据微技能列出了七个具体项目：识别语篇衔接连贯、识别语篇体例特征、拼写与标点、词汇运用、语法运用、内容传达、语篇连贯的运用（范例见表 5-1）。

表 5-1　某班级的七项写作微技能表现

	写作得分	识别语篇衔接连贯	识别语篇体例特征	拼写与标点	词汇运用	语法运用	内容传达	语篇连贯
合格线		67	67	50	50	50	70	63
班级平均	65	74	69	61	54	54	73	61

以七项微技能每项满分 100 分来看，这个班级有三个写作微技能项目的平均成绩偏低（词汇运用 54 分、语法运用 54 分、语篇连贯 61 分），而平均成绩相对较好的微技能是：识别语篇

衔接连贯（74分）、内容传达（73分）和识别语篇体例特征
（69分）。

5.1.2 及时反馈

在每个学年的初期、中期和后期等不同阶段，教师组织学生
在统一时间完成某项"优诊学"测试之后，系统会很快给出学生
个体和全班整体的测试成绩报告（见表5-2）。

表5-2 某班学生整体和个体的五项阅读微技能测试成绩报告

姓名	阅读得分	确定句间逻辑	理解主旨大意	推测生词含义	推断态度意图	理解主要观点
合格线		67	67	67	67	63
班级平均	65	78	71	68	67	57
崔**	85	100	100	100	67	75
刘**	45	33*	33*	67	67	38*
刘**	65	67	100	67	67	50*

表5-2给出了全班阅读微技能的分项成绩："理解主旨大
意"71分，"理解主要观点"57分，"确定句间逻辑"78分，
"推测生词含义"68分，"推断态度意图"67分。测试结果表
明，该班表现比较好的项目是"理解主旨大意"和"确定句
间逻辑"，表现一般的是"推断态度意图"和"推测生词含
义"，而表现欠佳的是"理解主要观点"。图中下边三行是学生
个体的测评成绩。这些测评信息为教师掌握全班学生阅读微技
能整体水平提供了有针对性和有效的参考依据。教师可以据此
分析哪些优势要保持，哪些薄弱环节需要提升，造成薄弱环节
的原因可能是什么，进而在日后的教学中采取有针对性的改进
措施。

成绩报告既有综合性的，也有单项的，如下面的"个人综
合测试结果报告"（图5-4）、"个人学习策略表现"（表5-3）、
"班级综合测试结果报告"（图5-5）和"班级学习动机表现"
（图5-6）等。

本次诊断测试你的综合能力得分为70分，达到了高二年级的中水平。

- 能基本听懂语音标准、语速正常、话题熟悉或感兴趣的口头表达（如：访谈、讲座、报告、广告等、新闻报道）；能部分听懂涉及文化内涵的口头表达或演讲。
- 在阅读语言简单、话题熟悉的不同类型的材料时，能较好地理解其信息。在阅读语言较复杂，如现象说明、事理阐释等，或题材较特殊的材料时，如论说文、评论等，能基本理解其信息。
- 在语言较复杂的主题语境和语篇中，能较好地理解并运用所学的语法知识和词汇知识，具备基本的语感和语法意识。
- 能完成熟悉的、日常的和社交话题相关的写作，能使用常用的词汇和语法简单地表达观点，做到语句通顺。

图5-4　个人综合测试结果报告

表5-3　个人学习策略表现

姓名	自主	计划	监控评价	解码	推理和预测	上下文	运用	社交情感
班级平均	3.8	3.4	3.4	3.3	3.6	3.7	3.4	3.4
汪*	4.3	3.8	3.8	4.0	3.8	3.7	3.6	3.5

（取值范围为1-5，策略得分区间代表含义如下：1.0-2.4需要加强；2.5-3.4表现尚可；3.5-5.0使用较好）

您班学生本次综合能力诊断测试的班级平均分为：65分，达到高二年级的中水平。

- 能基本听懂语音标准、语速正常、话题熟悉或感兴趣的口头表达（如：访谈、讲座、报告、广告等、新闻报道）；能部分听懂涉及文化内涵的口头表达或演讲。
- 在阅读语言简单、话题熟悉的不同类型的材料时，能较好地理解其信息。在阅读语言较复杂，如现象说明、事理阐释等，或题材较特殊的材料时，如论说文、评论等，能基本理解其信息。
- 在语言较复杂的主题语境和语篇中，能基本理解并运用所学的语法知识和词汇知识，语感和语法意识有待加强。
- 能基本完成熟悉的、日常的和社交话题相关的写作，能使用基础的词汇和语法简单地表达观点，但条理性与连贯性较弱。

图5-5　班级综合测试结果报告

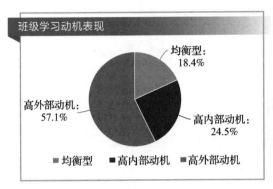

图 5-6　班级学习动机表现

5.1.3　实施补救

教师在通过"优诊学"平台的测试，诊断出班级整体和学生个体的优势与薄弱环节之后，就可以相应地在下一阶段中调整教学内容、教学方法或教学手段，对学生提供更为具体的学习策略指导。经过一段时间的干预、指导和训练之后，教师可以利用"优诊学"平台提供的资源，根据特定教学目的自己组卷，检测施教补救之后的效果（图 5-7）。

图 5-7 说明，教师可根据班级报告的反馈数据或教学需求，按照某项语言微技能和教学程度的级别，进行个性化的组卷或作业布置，以对学生进行有针对性的测试或指导。

5.1.4　有效提高

我们以太原五中高一（445）班为例说明这个问题。在南睿老师的教授下，全班同学的写作能力稳步提升，在内容传达、语篇连贯、词汇运用和语法运用等项微技能方面进步明显。

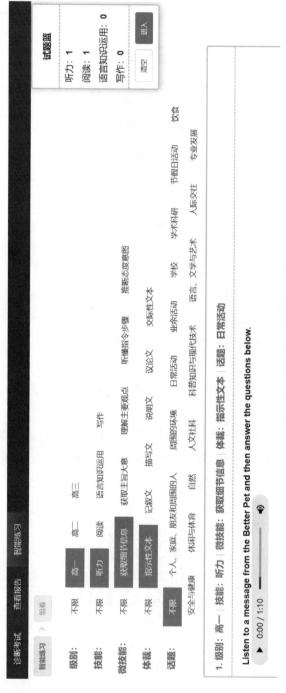

图 5-7　教师可灵活地自行组卷

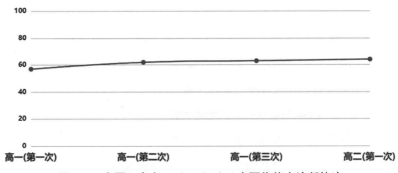

图5-8 太原五中高一（445）班4次写作能力诊断轨迹

您班学生本次写作诊断测试的班级平均分为：57分。

您班学生的写作能力达到高一年级的**低水平**，能基本完成熟悉的、日常的和校园类话题的写作，在语言组织，信息完整或语言表达方面有待提升。

您班学生的写作各项微技能表现如下：

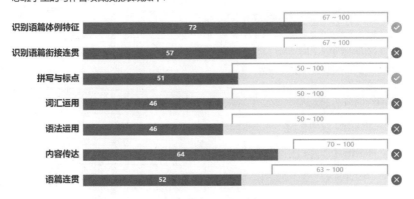

图5-9 太原五中高一（445）班第一次"优诊学"

测试——写作微技能表现

您班学生本次写作诊断测试的班级平均分为：62分。

您班学生的写作能力达到高一年级的中水平，能完成熟悉的、日常的和校园类话题的写作，能使用较为准确的词汇和语法进行表达，能基本保证内容完整、语篇连贯。

您班学生的写作各项微技能表现如下：

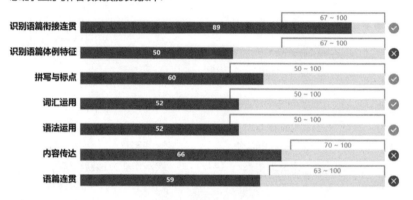

图 5-10　太原五中高一（445）班第二次"优诊学"

测试——写作微技能表现

您班学生本次写作诊断测试的班级平均分为：63分。

您班学生的写作能力达到高一年级的中水平，能完成熟悉的、日常的和校园类话题的写作，能使用较为准确的词汇和语法进行表达，能基本保证内容完整、语篇连贯。

您班学生的写作各项微技能表现如下：

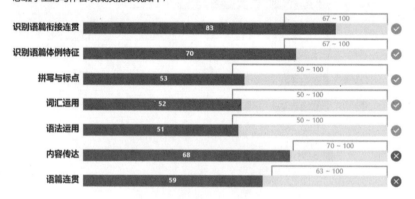

图 5-11　太原五中高一（445）班第三次"优诊学"

测试——写作微技能表现

您班学生本次写作诊断测试的班级平均分为：64分。

您班学生的写作能力达到高二年级的中水平，能完成熟悉的、日常的和社交话题相关的写作，能使用常用的词汇和语法简单地表达观点，做到语句通顺。

您班学生的写作各项微技能表现如下：

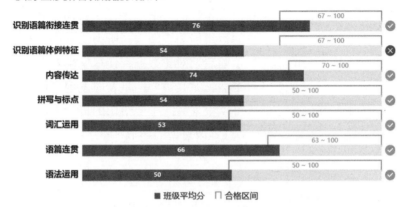

图 5-12 太原五中高一（445）班第四次"优诊学"

测试——写作微技能表现

5.2 三类受益对象

由上可见，"优诊学"在线诊断式测评工具的受益对象，包括了三个方面的人员。图 5-13 从右至左展示了该平台对在读高中学生、中学一线英语教师和区域性的英语教研员各自不同的辅助作用。

图 5-13 "优诊学"测评工具发挥的主要作用

5.2.1　在读高中生

前面已经介绍过，"优诊学"这个测评工具的主要作用就是检测高中生英语语言知识和语言技能的应用水平，比如检测词汇量的大小，词汇、语法项目的运用能力，阅读、听力、写作的各项微技能。该平台能迅速显示前后期对比数据，使得学生对自己的学习进程和学习水平一目了然，尤其重要的是及时发现自己的弱项。学生参与测评之后，可以根据系统平台给出的提示去调整相关的英语学习策略，有针对性地改进薄弱环节。

5.2.2　一线高中教师

"优诊学"平台不仅有利于学生个体的自我检测，对授课教师及时掌握全班学生的整体学习状况和自己的教学效果也有重要意义，因为它极大地方便了教师针对现状选择或调整不同教学内容或教学策略、方法，开展进一步有针对性的分层教学。比如，班级阅读微技能"推测生词含义"的平均分未能达到及格分，教师就要反思造成这一状况的可能原因，通过访谈或者问卷调查了解学生的困难所在（是学生没有掌握猜词策略，还是心理因素、环境因素影响了发挥等），然后有针对性地调整教学策略，指导学生尽快提高猜词这一项微技能的成绩。

为了进一步加强"优诊学"辅助教学的其他作用，该平台陆续开发了多种助力教师教学的工具，如教学计划表、教学策略问卷、教学评价表、学习评价表和试卷数据分析工具（见图5-14）。

图5-14　"优诊学"系统平台包含的辅助教学工具

图 5-14 表明，"优诊学"系统平台增加了一些辅助学生学习与教师教学的功能。试卷数据分析工具可以辅助教师对学生的日常测评进行分析，以较为准确地掌握其学习能力动态。教学计划表、教学策略问卷、教学评价表、学习评价表，为教师调整相关的教学设计、反思教学策略、指导下一阶段教学和引导学生自我评价等提供了若干清单。除此之外，平台还为学生提供了一些高中英语阅读课外读物，为教师提供了一些教学与研究的参考书等。

5.2.3 高中英语教研员

"优诊学"平台也有利于区域教研员开展科学规划、指导和评价工作：通过数据可以精准地监控当地各所学校高中英语教学的质量，了解各校英语教师的专业发展状况，从而进一步采取相应的行政或者教研等举措，大面积提高区域英语教学质量，提升各校英语教师专业发展水平等。

5.3 三条使用途径

在职中学英语教师在日常教学中运用"优诊学"测评工具的途径有三条：申报测评基金课题、参加英语教学与测评学术年会、阅读测评资讯。

5.3.1 申报测评基金课题

为使更多一线教师有效利用"优诊学"这个诊断性的测评工具，2017 年 4 月，北京师范大学外国语言文学学院外语测试与评价研究所和外语教学与研究出版社合作，成立了以"发展测评、助力教学"为宗旨的中国基础教育外语测评研究基金。基金每年面向全国英语教研员、名师工作室主持人、一线教师、高等院校教学和研究人员发布基于"优诊学"测评工具而开展的中学英语教学测评课题项目。

各地教师、研究人员申报的项目经过秘书处初审、专家委员会复审后，由基金秘书处宣布立项名单，拨发相应的课题经费，组织"优诊学"测评工具使用培训会和课题开题活动，组织专家下校进行中期检查和结题指导等一系列指导性活动，力求通过专家与一线教师（课题组成员）的面对面交流，阶段性地解决测评课题研究和教学中的困惑与疑问，或者组织专家进行远程指导，及时解决研究中的疑惑。

5.3.2　参加教学与测评年会

面向全国英语教育领域的英语教学与测评学术研讨会，自2017 年开始每年举行一次，至今已经举办三届（2020 年因疫情延期）并有不同的主题：

2017 年 4 月第一届研讨会的主题是"回归教育本质：连接测评与教学"；

2018 年 4 月第二届研讨会的主题是"教、学与测评：创新与影响"；

2019 年 4 月第三届研讨会的主题是"测评素养与教师发展：合作与创新"。

2021 年 4 月第四届研讨会的主题是"教、学、评促进思维能力发展：创新与提升"。

中国基础教育外语测评研究基金专家委员会由武尊民教授领衔、国内外共九名英语教学与测评方面的专家组成，专家委员会每年审议确定**"教学与测评"**年会的主题和分议题，挑选大会主旨发言人，决定大会的工作坊内容，审核投稿摘要等。英语教学与测评学术研讨会已经成为全国英语教育领域同行交流的盛会，会上各种关于中学英语教学和测评的交流内容，都与"优诊学"测评工具密切相关。来自全国各地的课题成员和相关研究者踊跃报告自己的研究成果，除此之外，各类讲座、工作坊交流、分组发言也为与会者提供了学习的平台。

5.3.3 阅读测评资讯

除了申报课题、参加年会之外，感兴趣的教师和研究人员还可以通过有关测评资讯来了解"优诊学"测评工具。**"外研测评"**微信公众号和**基金官网**（https：//far.fltrp.com）定期推送各类与英语基础教育和测评有关的文章、会议发言、测评知识讲座等资讯。有兴趣使用"优诊学"测试平台的老师可以扫描下面的二维码，填写申请表。

结　语

本书**第一章**介绍了一些基本概念，说明了为什么实施行动研究课题是促进英语教师发展的有效途径。

第二章列出了英语教学中的常见困惑和解决思路，针对行动研究课题实施过程中的几个关键方面，结合三个具体课题实例进行分析，帮助更多的一线教师在做课题的过程中不走弯路、少走弯路，引导教师采取规范的研究路径开展行动研究课题。

第三章从微观角度对基金第一期三个课题的实施步骤进行了追踪和汇总，逐一详细介绍了三个课题组的研究内容、研究过程和研究个案。三个课题组的主要工作如下：

● 西南大学黄菊副教授等组织重庆、成都等地的多名中学英语教师进行了**高中写作课的教学研究**；

● 石家庄市周红英语教研员组织该市 4 所课题校的 12 名英语教师结合诊断性教学，探讨建立**词汇和语法、听力、阅读和写作**的**新教学模式**；

● 太原师范学院王学锋教授联合当地 2 名高中英语教研员、2 名大学教师和 4 所中学的 8 名教师开展了**写作课堂形成性评价研究**。

这三个课题组的共性都是借助"优诊学"诊断测评工具，针对高中英语教学实际中的阅读、写作、词汇、语法等专项内容，发现所教学生存在的困难和自身教学中的问题，再通过学习相关教学理论和文献，采用行动研究方法，不断反思和调整教学策略，最终找到解决问题的途径，提高了学生的英语成绩，提升了教师专业素养。

第四章对三个课题组教师的十八节英语课例（写作课、读写课、阅读课、词汇课、语法课、听力课等）进行了点评，为其他同行开展中学英语教学与测评课题研究，为通过测评课题提升高中英语课堂教学质量提供借鉴和启示。

第五章介绍了三个课题组都使用的"优诊学"诊断测评工具的功能特点、受益人群与使用途径。

总而言之，本书介绍了重庆、成都、石家庄与太原等城市十余所中学的近三十名高中英语教师，在黄菊、周红、王学锋三位课题组负责人的带领下，在中国基础教育外语测评研究基金的大力支持下，结合"优诊学"诊断测评工具所提供的精准数据，以英语语言学理论、英语语言教学理论、测评理论以及教师行动研究方法为指导，在两年（2017—2019）中克服各种困难、互相扶持，坚持实施了富有成效的高中英语测试课题的行动研究，有针对性地解决了所教班级学生英语学习中存在的问题，同时也提高了自身的学科知识素养、教学能力和教研能力。

当然，我们也应该清醒地意识到，一线教师开展行动研究课题的过程绝不是一帆风顺的，常常会遇到许多实际困难，下面是这些课题组的老师们克服一些典型困难的心得体会。

困难一：时间特别紧迫

对策一：由于日常教学任务和班级管理任务繁重，而课题研究需要花大量时间去阅读文献，参与口头和书面交流活动，因此需要在安排好个人工作的前提下，高效、合理地管理时间。

困难二：核心概念不明

对策二：对基本概念和内容有十分清晰的把握才能有效开展研究，在遇到一些似是而非、易于混淆的概念理解问题时，要及时向专业人士请教，或者主动寻找相关专业书籍和文献，理清头绪，避免以讹传讹，一错再错。

困难三：数据收集不当

对策三：收集数据的方法不当，或者数据链条缺乏相关性、不够完整，都会将研究引入歧途，或产生错误的结果。这就需要在一开始时就制订好方案。在开题时可以请有研究经验的人士为实施方案把脉，以提前发现和处理这些本来可控的因素，避免到后期才发现，造成不可挽回的失误，或者走了一大段弯路。

当本书所介绍的三个课题组的老师们互相鼓励、坚持走到结题阶段的时候，他们不约而同地表示：每一位教师的专业发展之路都不平坦，需要与专家（教研员、大学老师等）、同行（外校老师）、同事（本校老师）一起组成"学习共同体"，不断学习，努力充实自己的专业知识，切实提升自己的教学能力、反思能力、研究能力和专业素养，一步步脚踏实地地向着外语教师专业成长的顶峰迈进。

参 考 文 献

卞金华，2019.听力测评反拨下的听力教学实践路径探究 [J]. 英语学习（教师版），(3)：19–23.

卞晓明，蔺双，钱小芳，等，2016. 小组合作在小学生英语阅读教学中应用的行动研究 [J]. 基础外语教育，18（4）：27–31.

蔡春桃，刘喜波，2018. 诊断性测评与高中英语阅读教学 [J]. 安徽文学（下半月），(10)：136–137.

陈慧钰，2010. 利用课堂录音和学生书面反馈提高教师的课堂话语质量 [J]. 中小学外语教学（中学篇），(6)：7–11.

陈洁倩，2005. 从语言知识测试到语言能力测试：上海市英语高考二十年回顾与展望 [J]. 中小学英语教学与研究，(2)：45–49.

陈胜，2017. 从思维品质培养视角看初中英语阅读教学中的问题设计 [J]. 中小学外语教学（中学篇），(4)：10–14.

陈向明，2001. 教师如何作质的研究 [M].北京：教育科学出版社 .

陈晓扣，2007. 论语言测试的反拨作用 [J]. 解放军外国语学院学报，(3)：42–46.

陈新忠，2017a. 从 2017 年全国高考听力理解试题看高中英语听说教学 [J]. 英语学习（教师版），(7)：39–42.

陈新忠，2017b. 英语课堂教学中的"教—学—评"一致性 [J]. 英语学习（教师版），(9)：30–32.

陈新忠，李婧，2019. 利用诊断性评价改进高中英语教学：以高三英语阅读填空教学设计为例 [J]. 英语学习（教师版），(2)：54–59.

程晓堂，2009.英语教师课堂话语分析 [M].上海：上海外语教育
　　出版社.

戴炜栋，任庆梅，2006.外语教学与教师专业发展：理论与实践
　　[M].上海：上海外语教育出版社.

笛科勒，2009.未来之路：新教师入职教育 [M].朱晓燕，等，
　　译.北京：北京师范大学出版社.

丁言仁，2004.第二语言习得研究与外语学习 [M].上海：上海外
　　语教育出版社.

杜金榜，1999.外语教学中的诊断性测试 [J].外语教学与研究，
　　(4)：40-43.

杜锐，2019.高中英语名词化教学例谈 [J].基础外语教育，21
　　(1)：83-89.

甘淩，蒋业梅，2009.国内英语测试反拨作用研究述评 [J].基础
　　教育外语教学研究，(3)：19-23.

葛炳芳，2017.聚焦阅读测试改革，改进阅读课堂教学 [J].英语
　　学习（教师版），(9)：40-42.

耿爱庆，1999.浅谈外语教学中的考试与评估 [J].国外外语教学，
　　(1)：36-37.

龚亚夫，罗少茜，2002.英语教学评估：行为表现评估和学生学习
　　档案 [M].北京：人民教育出版社.

辜向东，钟瑜，2017.提升外语测评素养推进外语测评事业发展：
　　《聚焦测评》评介 [J].外语教学，(1)：77-79.

顾永琦，余国兴，2018.课堂评价研究的设计与分析：以高中英语
　　课堂为例 [R].第二届英语教学与测评学术研讨会.

韩宝成，2000.外语教学科研中的统计方法 [M].北京：外语教学
　　与研究出版社.

韩刚，2008.课程与人：职前英语教师的成长 [M].北京：外语教
　　学与研究出版社.

郝建平，2006.英语教学与评价设计 [J].课程·教材·教法，

（3）：58-66.

华钧，1990. 如何运用测试确保教学大纲的实施 [J]. 外语界，
　（2）：13-17.

黄大勇，杨炳钧，2002. 语言测试反拨效应研究概述 [J]. 外语教
　学与研究，（4）：50-55.

黄国文，2001. 语篇分析的理论与实践 [M]. 上海：上海外语教育
　出版社 .

黄菊，2018a. 从诊断性测评在高中英语写作教学中的行动研究案
　例看教师测评素养的发展 [R]. 第二届英语教学与测评学术研
　讨会 .

黄菊，袁霜霜，范可星，2018b. 诊断性测评应用于高中英语写
　作教学，促进教师测评素养发展 [J]. 英语学习（教师版），
　（10）：32-34.

黄菊，叶雯琳，彭静，等，2019a. 基于诊断性测评提升高中生
　英语写作语篇衔接能力的案例研究 [J]. 英语学习（教师版），
　（9）：40-44.

黄菊，叶雯琳，彭静，2019b. 基于诊断性测评提升高中生英语写
　作语篇衔接能力的教学案例研究 [R]. 第三届英语教学与测评
　学术研讨会 .

教育部，2012. 义务教育英语课程标准（2011 年版）[M]. 北京：
　北京师范大学出版社 .

教育部，2018. 普通高中英语课程标准（2017 年版）[M]. 北京：
　人民教育出版社 .

教育部，2020. 普通高中英语课程标准（2017 年版 2020 年修订）
　[M]. 北京：人民教育出版社 .

金艳，2018. 外语教师评价素养发展：理论框架和路径探索 [J].
　外语教育研究前沿，1（2）：65-72.

靳玉乐，2006. 反思教学 [M]. 成都：四川教育出版社 .

孔繁华，霍艺红，靳豫霞，等，2009. 高中英语过程写作行动研究

[J]. 中小学外语教学（中学篇），(11)：7-14.

兰克希尔，诺贝尔，2007. 教师研究：从设计到实施 [M]. 刘丽，译. 北京：北京师范大学出版社.

兰希，陈丽勤，2016. 壮族地区初中英语教师教学理念研究 [J]. 山东师范大学外国语学院学报（基础英语教育），18（4）：21-25.

雷卿，1998. 跨文化交际能力的测试与分析 [J]. 中小学外语教学，(8)：3-6.

李楚珍，2018. 基于思维导图的高中英语词汇教学的行动研究 [J]. 山东师范大学外国语学院学报（基础英语教育），20（6）：19-26.

李冬琴，2017. 高中英语阅读教学中培养学生批判性思维能力的策略 [J]. 中小学外语教学（中学篇），(4)：15-21.

李绍山，2005. 语言测试的反拨作用与语言测试设计 [J]. 外语界，(1)：71-75.

李正栓，郝惠珍，2009. 中国语境下英语教师教育与发展研究 [M]. 石家庄：河北大学出版社.

林敦来，高淼，2011. 教师评估素养：理论与实践 [J]. 外语教学理论与实践，(4) 29-37.

林敦来，武尊民，2014. 国外语言评价素养研究的最新进展 [J]. 现代外语，(5)：711-720.

林敦来，2016. 中国中学英语教师评价素养研究 [M]. 北京：中国人民大学出版社.

林敦来，朱晓燕，陈新忠，等，2017. 如何提升英语教师测评素养（上、下）[J]. 英语学习（教师版），(7)：20-30.

林敦来，2018. 英语教师课堂测评素养及提升方法 [J]. 英语学习（教师版），(2)：5-9.

林敦来，2019. 中小学英语教师语言评价素养参考框架 [M]. 北京：外语教学与研究出版社.

林立，2009. 英语教学设计提纲 [J]. 英语教师，(6)：31-32.

凌勇，2017. 例谈读后续写中关键词的作用及其运用策略 [J]. 中小学外语教学（中学篇），(4)：1-4.

刘辰诞，1999. 教学篇章语言学 [M]. 上海：上海外语教育出版社.

刘丰，1990. 从 CET-4 作文阅卷看大学英语教学 [J]. 外语界，(4)：32-34.

刘杰娟，欧阳俊林，2019. 词汇呈现方式与认知风格对二语词汇学习效能的影响 [J]. 山东师范大学外国语学院学报（基础英语教育），(3)：19-27.

刘润清，2001. 总序 [M]//RICHARDS J C. 超越专业技术训练. 北京：外语教学与研究出版社.

刘学惠，2016. 英语课程与教学研究（1979—2009）[M]. 南京：南京师范大学出版社.

吕洪波，2006. 教师反思的方法 [M]. 北京：教育科学出版社.

吕娟娟，2015. 高中英语语法课教学过程设计与策略 [J]. 山东师范大学外国语学院学报（基础英语教育），17 (2)：74-78.

吕生禄，2018. 中小学英语教师课堂评价的胜任力及其表现特征 [J]. 英语学习（教师版），(9)：40-43.

罗少茜，柳丽萍，2017. 促进学习的英语课堂评价 [J]. 英语学习（教师版），(9)：33-39.

罗之慧，陈丹，2017. 初中英语读写结合有效性的思考与实践 [J]. 中小学外语教学（中学篇），(4)：5-9.

马燕，2014. 英语课堂教学和过程评价的探索 [J]. 英语学习（教师版），(9)：14-15.

梅德明，王蔷，2018. 普通高中英语课程标准（2017 年版）解读 [M]. 北京：高等教育出版社.

孟春国，刘学惠，2011. 教学反思对教师情感与专业发展的促进意义：一项叙事研究 [J]. 中小学英语教学与研究，(1)：15-21.

亓鲁霞，2006. 论考试后效 [J]. 外语与外语教学，（8）：32-35.

秦晓晴，2009. 外语教学问卷调查法 [M]. 北京：外语教学与研究出版社.

侍书芹，于涛，2019. 基于语料库的词块教学对高中生英语写作的影响 [J]. 山东师范大学外国语学院学报（基础英语教育），（3）：3-10.

束定芳，华维芬，2009. 中国外语教学理论研究（1949—2009）[M]. 上海：上海外语教育出版社.

宋虎平，2003. 行动研究 [M]. 北京：教育科学出版社.

孙勇，2015. 基于课例反思提升英语实习教师授课能力的行动研究 [J]. 山东师范大学外国语学院学报（基础英语教育），17（3）：37-42.

谭妙兰，2019. 语料库索引在高考英语短文改错教学中的应用 [J]. 山东师范大学外国语学院学报（基础英语教育），21（3）：99-105.

全亚军，2015. "经典英文演讲欣赏"校本课程的行动研究 [J]. 山东师范大学外国语学院学报（基础英语教育），17（6）：47-54.

王炳炎，李绍山，张金度，1998. 试论英语四级统测与教学的关系 [J]. 解放军外国语学院学报，（4）：80-84.

王初明，2010. 外语是怎样学会的 [M]. 北京：外语教学与研究出版社.

王蔷，2002. 英语教师行动研究：从理论到实践 [M]. 北京：外语教学与研究出版社.

王蔷，张虹，2014. 英语教师行动研究：修订版 [M]. 北京：外语教学与研究出版社.

王少非，2013. 课堂评价 [M]. 上海：华东师范大学出版社.

王学锋，袁青，2017. 基于形成性提问的英语写作教学探究 [J]. 教学与管理（理论版），（11）：108-111.

王学锋，2019a."诊—学—研—教"一体化模式下的教师测评素养提升：以高中英语写作课为例 [J]. 英语学习（教师版），(11)：40-43.

王学锋，张向华，梁美婷，2019b. 高中英语写作课"诊—学—研—教"中教师测评素养的提升研究 [R]. 第三届英语教学与测评学术研讨会 .

王宗迎，何广铿，2008. 时间限制和任务类型对 EFL 写作的影响 [J]. 中小学外语教学（中学篇），(11)：6-11.

维尔斯曼，1997. 教育研究方法导论 [M]. 袁振国，主译 . 北京：教育科学出版社 .

文秋芳，韩少杰，2011. 英语教学研究方法与案例分析 [M]. 上海：上海外语教育出版社 .

吴欣，2005. 中学英语教师发展研究 [M]. 北京：外语教学与研究出版社 .

吴旭东，2006. 第二语言习得研究：方法与实践 [M]. 上海：上海外语教育出版社 .

武尊民，2008. 英语测试的理论与实践 [M]. 北京：外语教学与研究出版社 .

武尊民，2011a. 语言测试与评价：从理论到实践 [J]. 外语教学理论与实践，(4)：6-10.

武尊民，杨亚军，任真，2011b. 学生学业成绩分析、反馈与指导系统：基于课程标准的中学生英语学习诊断性评价 [J]. 外语教学理论与实践，(4)：15-22.

武尊民，2017. 诊断性语言测评为课堂教学决策提供依据 [J]. 英语学习（教师版），(8)：20-25.

武尊民，2019，序 [M]// 林敦来 . 中小学英语教师语言评价素养参考框架 . 北京：外语教学与研究出版社 .

夏纪梅，2012. 外语还可以这样教 [M]. 北京：外语教学与研究出版社 .

解冰，鲁湘国，2019. 初中英语阅读教学思维品质培养现状 [J].
　　山东师范大学外国语学院学报（基础英语教育），（3）：28-36.

谢燕玫，周爱洁，2015. 高中英语课外作业自主学习的设计及其效
　　果研究 [J]. 山东师范大学外国语学院学报（基础英语教育），
　　17（6）：34-40.

熊学勤，2018. 提高初中生英语听力水平的行动研究 [J]. 山东师
　　范大学外国语学院学报（基础英语教育），20（1）：10-14.

胥云，2011. 高中生英语写作中交际策略的使用情况：一项基于
　　北京市高三学生的调查研究 [J]. 中小学外语教学（中学篇），
　　（1）：16-21.

徐昉，2012. 英语写作教学与研究 [M]. 北京：外语教学与研究出
　　版社 .

徐建敏，管锡基，2005. 教师科研有问必答 [M]. 北京：教育科学
　　出版社 .

颜静兰，杨慧敏，2011. 英语专业四、八级测试对英语教学的互动
　　与反拨作用：以理工类院校英语专业教学改革为例 [J]. 外语测
　　试与教学，（2）：37-46.

杨惠中，1999. 语言测试与语言教学 [J]. 外语界，（1）：16-25.

杨惠中，2015. 有效测试、有效教学、有效使用 [J]. 外国语，
　　（1）：2-26.

叶菊仙，1998. 大学英语考试对教学反拨作用的调查和思考 [J].
　　外语界，（3）：132-136.

佚名，2017. 优诊学介绍 [EB/OL]. （2017-6-13）[2018-3-21].
　　https：//far. fltrp. com/c/2017-06-13/492816. shtml.

易立，2017. 在阅读课第一课时实施整体阅读的教学实践 [J]. 中
　　小学外语教学（中学篇），（4）：47-51.

于钢，1995. 测试改革是全面贯彻英语新《大纲》的保证 [J]. 中
　　小学外语教学（中学篇），（11）：1-3.

余文森，连榕，2007. 教师专业发展 [M]. 福州：福建教育出

版社 .

张春青，2014. 诊断性测评：启示教学的工具 [J]. 英语学习（教师版），(3) 14-16.

张德禄，苗兴伟，李学宁，2005. 功能语言学与外语教学 [M]. 北京：外语教学与研究出版社 .

张冠文，2017. 四方格写作法在初中英语教学中的运用 [J]. 中小学外语教学（中学篇），(4)：36-40.

张金秀，2008. 对教学设计内涵的理解及实践诊断 [J]. 中小学外语教学（中学篇），(8)：1-5.

张顺生，陈天，2015. 英语课堂三维目标教学行动研究 [J]. 山东师范大学外国语学院学报（基础英语教育），17 (5)：82-88.

张先刚，2013. 悉尼学派的语类教学法理论 [J]. 外语界，(2)：24-32.

张献臣，1996. 交际能力与交际能力测试 [J]. 中小学外语教学，(12)：1-11.

张艳萍，2019. 运用过程性评价培养学生英语学科核心素养的案例研究 [J]. 英语学习（教师版），(9)：51-55.

中小学教师专业发展标准及指导课题组，2019. 中小学教师专业发展标准及指导（英语）[M]. 北京：北京师范大学出版社 .

周兵红，2018. 高中英语教师教学信念与教学行为现状调查研究 [J]. 山东师范大学外国语学院学报（基础英语教育），(2)：41-45.

周红，2017. 基于诊断测评提升高中生英语综合语言运用能力 [J]. 英语学习（教师版），(8)：35-37.

周红，杨永军，施东梅，2019. 诊断测评研究促进高中英语教师专业素养提升 [R]. 第八届外语教师教育和专业发展年会 .

周雪晴，2017. 基于文本的初中英语阅读课第二课时教学课例评析 [J]. 中小学外语教学（中学篇），(4)：52-57.

朱枫，2010. 外语教学研究与科研设计 [M]. 南京：南京大学出版社.

朱晓燕, 2006. 广州市初中英语教师教学观念调查与分析 [J]. 中
小学外语教学（中学篇）,（10）: 8-13.

朱晓燕, 2011. 英语课堂教学策略：如何有效选择和运用 [M]. 上
海：上海外语教育出版社.

朱晓燕, 2012. 导读 [M] // MCKAY P. 儿童语言学习评价. 北京：
外语教学与研究出版社.

朱晓燕, 2013. 外语教师如何开展小课题研究：实际操作指南
[M]. 北京：外语教学与研究出版社.

朱晓燕, 林佩华, 等, 2014. 大学、中学合作开展高中英语课堂有
效教学模式的实证研究 [M]. 广州：广东教育出版社.

朱晓燕, 梁宝玲, 2017a. 论中小学英语教师教学核心能力的知识
基础 [J]. 中小学外语教学（中学篇）,（4）: 41-46.

朱晓燕, 2017b. 对外语教师语言评价素养构成的再思考：案例
分析教师测评之后如何运用 PCK 调整课堂教学 [J]. 英语学习
（教师版）,（9）: 25-30.

卓琴, 2017. 单元整体设计视角下的高中英语分层进阶写作教学例
析 [J]. 中小学外语教学（中学篇）,（4）: 26-29.

邹申, 2003. 语言教学大纲与语言测试的衔接：TEM8 的设计与实
施 [J]. 外语界,（6）: 73-80.

邹为诚, 2010. 中国基础英语教师教育研究 [M]. 上海：华东师范
大学出版社.

邹为诚, 2013. 外语教师职业技能发展：第二版 [M]. 北京：高等
教育出版社.

ALDERSON J C, 2005. Diagnosing foreign language proficiency:
the interface between learning and assessment [M]. New York:
Continuum.

ARTER J, 2001. Learning teams for classroom assessment literacy [J].
NASSP Bulletin, 85 (621): 23-65.

BACHMAN L F, PALMER A S, 1996. Language assessment in practice [M]. Oxford: Oxford University Press.

BACHMAN L F, PALMER A S, 2010. Language assessment in practice: developing language assessments and justifying their use in the real world [M]. Oxford: Oxford University Press.

BLACK P, WILLIAM D, 1998. Assessment and classroom learning[J]. Assessment in education: principles, policy & practice, 5 (1) : 7-74.

BROWN H D, 2004. Language assessment: principles and classroom practices [M]. New York: Cambridge University Press.

COHEN A D, 2007. 课堂语言能力评价 [M]. 北京：外语教学与研究出版社 .

DAVIES A, 2008. Textbook trends in teaching language testing [J]. Language testing, 25 (3): 327-347.

DAVISON C, 2019. Teacher assessment literacy: how do we know what we need to improve? [J]. 英语学习（教师版），(9) ：45-50.

ELLIOTT J, 1976. Developing hypotheses about classrooms from teachers' practical constructs [M]. Grand Forks: North Dakota Study Group on Evaluation, University of North Dakota.

FERRANCE E, 2000. Action research [M]. Providence: Brown University.

FREEMAN D, 2005. 教师研究：从探询到理解 [M]. 北京：外语教学与研究出版社 .

KEMMIS S, MCTAGGAR R, 1982. The action research planner [M]. Victoria, Australia: Deakin University Press.

LEWIN K, 1946. Action research and minority problems [J]. Journal of social issues, 2 (4): 34-46.

MCKAY P, 2012. 儿童语言学习评价 [M]. 北京：外语教学与研究出版社 .

NUNAN D, 2004, Action research in the language classroom [M]//

RICHARDS J C, NUNAN D. 第二语言教师教育 . 北京：外语教学与研究出版社 .

RICHARDS J C, LOCKHART C, 2000a. 第二语言课堂的反思性教学 [M]. 北京：人民教育出版社 .

RICHARDS J C, NUNAN D, 2000b. 第二语言教师教育 [M]. 北京：外语教学与研究出版社 .

RICHARDS J C, 2001. 超越专业技术训练 [M]. 北京：外语教学与研究出版社 .

SIMON B, 2006. The distinctive characteristics of foreign language teachers[J]. Language teaching research, 10 (1): 3–31.

STENHOUSE L, 1975. An introduction to curriculum research and development [M]. London: Heinemann.

STIGGINS R J, 1991. Assessment literacy [J]. The Phi Delta Kappan, 72 (7): 534–539.

STIGGINS R J, 1999. Teams[J]. Journal of staff development，20(3)：17–21.

STIGGINS R J, 2010. Essential formative assessment competencies for teachers and school leaders[M]//ANDRADE H L, CIZEK G J. Handbook of formative assessment. New York: Routledge.

WALLACE M J, 2000. 语言教师行动研究 [M]. 北京：人民教育出版社 .

YULE G, 2002. Explaining English grammar [M]. 上海：上海外语教育出版社 .

ZOE C, 2011, The integration of diagnostic assessment into the classroom instruction[M]//TSAGARI D, CSEPES I. Classroom-based language assessment. Frankfurt: Peter Lang: 63–76.

附　录[1]

附录一　黄菊课题组案例资料

附录二　周红课题组案例资料

1　本附录收入三个课题组的案例研究资料共 17 份，由作者从三个课题组上交给中国基础教育外语测评研究基金的研究资料档案中选取。

附录三 王学锋课题组案例资料

附录一 黄菊课题组案例资料

资料1 西南大学附属中学高一（11）班和（15）班上学期"优诊学"测评结果分析

彭 静

2018年10月14日，课题组对西南大学附属中学高2021级11班、15班进行了"优诊学"写作测评和词汇量测试，现对此次测试结果分析如下。

一、词汇量测试

11班总共64名学生，50名学生参加了词汇量测试，有效成绩50份。

11班学生的词汇量较大，90%学生的词汇量能够达到2500词（高一年级达标词汇量），仅5名学生词汇量不到2500词。词汇量方面是学生的强项，已经能够胜任高一的英语学习。

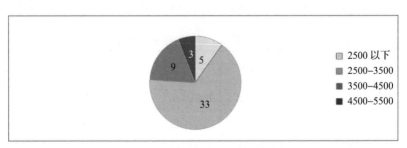

图附录1-1 11班学生词汇量分布

15 班总共 52 名学生，40 名学生参加了词汇量测试，有效成绩 40 份。

15 班学生的词汇量较大，82.5% 的学生词汇量能够达到 2500 词（高一年级达标词汇量），有 7 名学生词汇量不到 2500 词。词汇量方面是学生的强项，大部分学生已经能够胜任高一的英语学习。

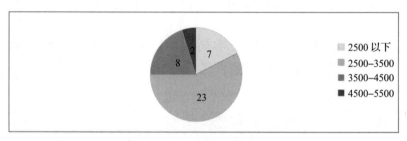

図附录 1-2　15 班学生词汇量分布

二、写作微技能分析

11 班总共 64 名学生，所有学生都参加了测试，有效成绩 64 份。

表附录 1-1　11 班写作微技能表现

姓名	识别语篇衔接连贯	识别语篇语言特征	内容的传达	词汇的运用	语法的运用	衔接连贯的运用	写作常规的掌握	写作字数的把握	篇章结构的把握
班级总体	15	21	23	16	15	19	16	30	29

15 班总共 52 名学生，50 名学生参加了测试，有效成绩 49 份。

表附录 1-2　15 班写作微技能表现

姓名	识别语篇衔接连贯	识别语篇语言特征	内容的传达	词汇的运用	语法的运用	衔接连贯的运用	写作常规的掌握	写作字数的把握	篇章结构的把握
班级总体	15	23	22	16	15	19	16	26	28

写作是高中英语综合能力的重要输出方式之一，也是考查学生对英语综合掌握程度的重要评判手段，涉及学生对词汇、语法和语境的各方面应用和判断。测试发现，学生在一些项目上的技能比较弱，包括识别语篇衔接连贯、词汇的运用、语法的运用、衔接连贯的运用、写作常规的把握等。学生在词汇运用方面和语法方面的不足，加之对语篇语体的识别尚不理想，造成写作微技能的测试结果中这几项的分数偏低。因此，学生写作微技能的提高有赖于前几项微技能的提升。

资料 2　西南大学附属中学高二（20）班"优诊学"测评结果分析

范可星

2018 年 4 月 19 日，课题组对西南大学附属中学高二（20）班进行了"优诊学"综合能力测评，现对本次测试结果分析如下。

一、总体成绩分析

西南大学附属中学高二（20）班部分同学未参加测试，参加测试学生的英语三项技能中写作技能成绩稍有下降，语言知识运用和阅读成绩有上升趋势。

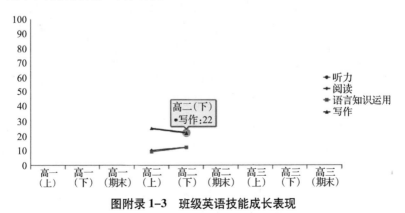

图附录 1-3　班级英语技能成长表现

　　此次词汇量测试只有 13 名学生的成绩。从测试结果来看，大部分学生的词汇量能达到 3500 词（高二年级达标词汇量），有 8%（即一名学生）词汇量不到 1000 词。词汇量方面学生的掌握情况良好，基本能够胜任高二的英语学习，部分学生需要增加词汇量。单词量和上期基本持平。

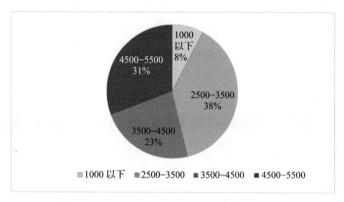

图附录 1-4　高二（20）班词汇量测试结果

二、微技能表现

　　2018 年 3 月 25 日，课题组对西南大学附属中学高二（20）班进行了"优诊学"阅读能力测试，现对本次测试结果分析如下。

表附录 1-3　阅读微技能表现

姓名	理解主旨大意	辨别文章来源	理解主要观点	确定句间逻辑	推测生词含义
班级总体	15	15	11	14	19

　　从阅读方向微技能来看，理解主旨大意和理解主要观点都没有达标（18 分）。学生的各项阅读微技能普遍较弱，尤其是理解主要观点的微技能最弱。这也决定了后一阶段对学生阅读微技能的培养方向。

表附录 1-4　词汇运用能力表现

姓名	词形转换	短语及固定搭配	日常交际用语	健康相关词汇	社会、文学等相关词汇	学校生活相关词汇	自然相关词汇
班级总体	12	17	24	15	17	8	10

　　本次测试显示学生的词汇知识运用能力仍然很弱，尤其是与学校生活相关、与自然相关的词汇，但比上次有进步。学生的日常交际用语掌握得比较好。

表附录 1-5　语法运用能力表现

姓名	倒装与强调	非谓语动词	时态	虚拟语气	主从复合句
班级总体	10	21	11	11	11

　　语法一直是学生英语学习的困难项目，通过测试发现，学生在倒装与强调、时态语态、主从复合句方面仍然很弱。这表明现阶段初中英语教学淡化语法的做法降低了学生的语法运用能力。而虚拟语气等高中阶段的主要句法项目，学生更是尚未建立清晰的概念，应是日后语法教学的重点。在非谓语动词方面学生相对掌握较好。总的来说，学生对语法的掌握情况不容乐观。

表附录 1-6　写作微技能表现

姓名	识别语篇衔接连贯	识别语篇语言特征	内容的传达	词汇的运用	语法的运用	衔接连贯的运用	写作常规的掌握	写作字数的把握	篇章结构的把握
班级总体	16	17	20	14	13	17	13	26	26

　　写作是高中英语综合能力的重要输出方式之一，也是考查学生对英语的综合掌握能力的重要标准之一，涉及学生对词汇、语

法和语境各方面的应用和判断。测试发现，语法的运用、写作常规的把握等几项与前面的测评结果吻合。由于学生在词汇运用方面的贫瘠以及语法方面的不足，对语篇语体的识别尚不成熟，才造成写作微技能的测试结果中这几项的分数偏低。因此，写作微技能的改进将依赖于前几项微技能的辅助提升。

资料3　石室中学高一（3）班上学期"优诊学"测评结果分析

邱祥迪

2017 年 10 月 7 日，项目组对石室中学 2021 级 3 班进行了"优诊学"综合能力测评，现对本次测试结果分析如下。

3 班总共 48 名学生，所有学生都参加了测试，有效成绩 48 份。

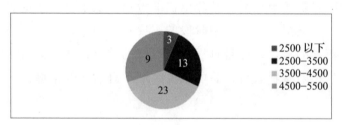

图附录 1-5　3 班学生词汇量分布

3 班学生的词汇量较大，93.75% 的学生词汇量达到 2500 词（高一年级达标词汇量），仅 3 名学生词汇量不到 2500 词。词汇量是学生强项，学生已经能够胜任高一的英语学习。

表附录 1-7　阅读微技能表现

姓名	理解主旨大意	理解主要观点	确定句间逻辑	推测生词含义	找出细节信息
班级总体	22	18	21	16	12

从学生的阅读微技能表现来看，仅理解主旨大意和确定句间逻辑这两项微技能基本达标。由于学生刚刚进入高中的学习，阅读语篇长度增加，学生尚未养成良好的阅读习惯，无法静下心来在较长的文本中找寻细节。学生的生词推断能力也较弱，无法联系语境进行逻辑推理。对于作者观点的提取，学生还习惯于初中阶段开门见山式的观点表达，难以对观点进行推理整合。以上三项微技能比较薄弱，是后一阶段对学生阅读微技能的重点培养方向。

表附录 1-8 词汇运用能力表现

姓名	词形转换	短语及固定搭配	日常交际用语	个人、家庭等相关词汇	健康相关词汇	日常活动相关词汇	学校生活相关词汇
班级总体	25	29	20	12	12	14	20

本次测试表明学生的词汇运用能力仍然很弱，只有短语及固定搭配、词形转换和日常交际用语掌握得较好。

表附录 1-9 语法运用能力表现

姓名	比较级	非谓语动词	情态动词	时态语态	主从复合句
班级总体	16	11	19	20	26

语法一直是学生学习英语的拦路虎，通过测试可以发现，学生在初中的重点语法项目非谓语动词、比较级、情态动词方面仍然很弱，这表明初中英语教学中淡化语法教学的状况造成了学生的语法运用能力不足。而对于非谓语动词等高中阶段的主要句法项目，学生更是尚未建立起清晰的概念，这些是日后语法教学的重点。学生对于主从复合句掌握较好。

写作是高中英语综合能力的重要输出方式之一，也是考查学生对英语的综合掌握能力的重要方面，涉及学生对词汇、语法和语境的各方面运用和判断。测试发现，学生在许多写作微技能上较弱，包括语篇衔接连贯、词汇的运用、语法的运用、衔接连贯的运用、写作常规的把握等。

表附录 1-10　写作微技能表现

姓名	识别语篇衔接连贯	识别语篇语言特征	内容的传达	词汇的运用	语法的运用	衔接连贯的运用	写作常规的掌握	写作字数的把握	篇章结构的把握
班级总体	15	23	22	16	15	18	16	26	26

资料 4　南开中学高一（15）班下学期"优诊学"测评结果分析

熊玮玮

2018 年 4 月 17 日，课题组对重庆市南开中学高一（15）班进行了"优诊学"综合能力测试。现将此次测试结果分析如下。

15 班共 59 名学生，由于部分同学未参加测试，有效成绩 50 份。

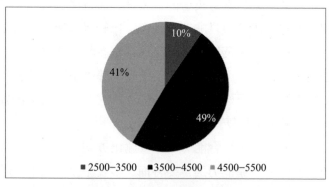

图附录 1-6　15 班学生词汇量分布

从词汇量来看，15 班学生的词汇量较大，只有 10% 的学生词汇量在 2500 词（高一年级达标词汇量）到 3500 词之间，其余学生都高于 3500 词。其中，有 41% 的学生词汇量在 4500 词到 5500 词之间。该班学生在词汇积累方面比较出色，词汇量是学生的强项，学生胜任高一的英语学习。

表附录 1-11　阅读微技能表现

姓名	理解主旨大意	理解主要观点	确定句间逻辑	推测生词含义	找出细节信息
班级总体	23	23	19	22	19

从阅读微技能来看，由于学生词汇量较大，且能适应高中课程体系，学生的各项阅读微技能都能达标（达标分数为 18 分）。学生在理解主旨大意和理解主要观点方面较好，确定句间逻辑和找出细节信息两方面的微技能较弱。这为后一阶段对学生阅读微技能的培养确定了方向。

表附录 1-12　词汇运用能力表现

姓名	词形转换	短语及固定搭配	日常交际用语	个人、家庭等相关词汇	健康相关词汇	日常活动相关词汇	学校生活相关词汇
班级总体	25	26	24	25	26	22	27

测试显示学生的词汇运用能力比较强，在学校生活相关词汇上学生掌握尤其好，对日常活动相关词汇的掌握相对偏弱。总的来说，学生对各方面词汇的掌握情况都不错。

表附录 1-13　语法运用能力表现

姓名	比较级	非谓语动词	情态动词	时态语态	主从复合句
班级总体	21	23	20	18	22

测试发现，学生对于时态、语态的掌握略弱一些，表明初中英语教学对时态、语态的强调不够，应是日后语法教学的重点。其他句法项目上学生尚能建立比较清晰的概念，对于主从复合句学生大体掌握良好。

表附录 1–14　写作微技能表现

姓名	识别语篇衔接连贯	识别语篇语言特征	内容的传达	词汇的运用	语法的运用	衔接连贯的运用	写作常规的掌握	写作字数的把握	篇章结构的把握
班级总体	20	13	22	17	14	19	16	29	28

写作是高中英语综合能力的重要输出方式之一，也是考查学生对英语的综合掌握能力的重要方面，涉及学生对词汇、语法和语境各方面的运用和判断。写作测试表明学生"识别语篇语言特征"和"语法的运用"分数最低，说明学生在上下文语境中识别语篇体裁、语篇衔接连贯手段和运用语法的能力特别薄弱。

总体而言，大部分学生的综合素养很高。但是由于初入高中，高中阶段句法和词汇的缺失使得他们对篇章还缺乏整体概念，他们的测评成绩仍然有比较大的进步空间，相信通过继续学习，他们的综合素质评测成绩会给老师们惊喜。

资料 5　我的教学反思与调整

范可星

一、教学计划

1. 继续关注词汇、语法学习。测试发现，学生的词汇运用能力仍然很弱，尤其是在个人、家庭等相关词汇，健康相关词汇，日常活动相关词汇，学校生活相关词汇上与教学要求的差距还很大。

语法方面，学生在倒装强调、时态语态、主从复合句方面仍然很弱，这表明现阶段初中英语教学淡化语法的做法使得学生的语法运用能力不足。而虚拟语气等高中阶段的主要句法项目，学生更是尚未建立清晰的概念，应是日后语法教学的重点。

2. 说起来容易，做起来难。面对基础如此薄弱的学生和有限的课堂时间，我要让每节课都有效果，让每个学生都有收获，提高课堂效率是重中之重。我努力克服困难，争取和学生一起进步。

3. 写作评价的困惑——写作评价反馈不及时。因为平时的工作量大，一篇作文布置下去，可能老师要用一个月时间才能改完，最后，同学们也没有兴趣去听评讲了，因为都忘了。改进方法：在课文学习之后布置写总结的写作任务，一般会详细讲清每一个步骤，因为班上学生逻辑思维较强。第一步先互相评改，然后再交给老师，老师的工作量就会小一些。但是学生程度不同，一些学生根本就没办法写一个完整的句子，也不知道怎么去改别的同学的作文。看看能不能借助网上的作文批改工具，减轻老师负担。

二、教学设计

1.（基于诊断测评结果的）教学目标确定

- 了解校园新闻的特点和写作步骤
- 读新闻范文，明确新闻的结构和语言
- 同伴合作，写一篇校园新闻

2. 教学材料选择

人教版《高中英语》必修一第 4 单元 Making the news，教师自己修改阅读材料为 making school news：get to know...，distinguish fact and opinion.

3. 教学活动设计

● Features 引导学生了解新闻的特点

Task 1 Read and tell which might be a piece of news. Discuss the reasons.

● Structure：who when where what how why interview comments

● Language 丰富新闻语言

Task 3 Brainstorm other expressions to enrich your language（引导学生注意新闻的时态和语言的衔接连贯）

● Writing 写一则校园新闻

Task 6 Group work. Review what we've learned and make a piece of school news.

Topic 1：Alice's special English class

Topic 2：Our last class meeting for the group display

Topic 3：Our latest English exam

4. 学案

Writing – Make School News

Learning objectives

By the end of the lesson, you are able to:

1. get to know the **features and steps** of making school news.
2. read for **structure and language** of the news.
3. make **school news** with your partners.

Features

Task 1 Read and tell which might be a piece of news. Discuss the reasons.

· Yesterday on December 17th all the students and teachers in our school were involved in the "Binfen Festival".

· On a beautiful and sunny afternoon one week ago Shuai Boyi had dinner with Mr. Yang in the school dining hall…

The features of school news are _____.

Binfen Festival Achieve Success in Our School

Yesterday, on December 17th, all the students and teachers in our school were involved in "Binfen Festival". So as to lighten students' pressure and explore more colorful school life, our school has organized all forms of activities and competitions. Students tried their best to show their artistic talents. Yang Chuan, the head teacher in class 20 Grade 2, said: "I felt concerned. I am happy with my students' performance." Binfen Festival has definitely sparked a storm of enjoyment and it achieved great success.

Structure

Task 2 Check your prediction.

Who	All the students and teachers
When	Yesterday, on September 17th
Where	In our school
What	Students were involved in "Binfen Festival"
	So as to lighten students' pressure and explore more colorful school life
	Our school held all forms of activities and competitions. Students tried their best to show artistic talents.
	Yang Chuan said: "I felt concerned. I am happy with my students' performance."
	Binfen Festival has definitely sparked a storm of enjoyment, and it achieved great success.

Language

*Task 3 Brainstorm other expressions to **enrich your language**.*

What/ How	Sb. be involved in (the event) Our school held (activities)	
Why	So as to	In order to; with the purpose to
Interview	Sb. said	
Comments	Sth. achieved great success	

Using the language in _____ is important.

Task 4 Read and find a mistake in the title.

Binfen Festival Achieve Success in Our School

Yesterday, on December 17th, all the students and teachers in our school were involved in "Binfen Festival". So as to lighten students' pressure and explore more colorful school life, our school has organized all forms of activities and competitions. _____, students tried their best to show their artistic talents. Yang Chuan, the head teacher in class 20 Grade 2, said: "_____ I felt concerned, I am happy with my students' performance." Binfen Festival has definitely sparked a storm of enjoyment and it achieved great success.

Task 5 Fill in the blanks to make the news more coherent (连贯的).

_____ are important.

Writing

Task 6 Group work. Review what we've learned and make a piece of school news.

Features: _____

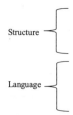

Topic 1: Alice's special English class
Topic 2: Our last class meeting for the group display
Topic 3: Our latest English exam

Homework: 1. Share your news with each other. 2. Finish more news and make the class newspaper.

5. 评价反馈

（1）教学目标：会写新闻大纲，会写完整新闻。从学生的体验和感知出发来设计活动。

（2）把握好新闻的体裁特征，新闻的几个要素是什么？搭支架。用原汁原味的课文中的语篇。第一篇是采访要素。第二篇是news report，最终回到课文的文本本身。

（3）难度：教师能够引导学生学习，学生积极参与活动，教师善于启发学生探索问题和表达意义。

（4）了解学生在写作过程中的感知，从而预测学生的学习难度。

（5）活动：激发学生兴趣，很难忘。学生很愿意说，在很大程度上能融入课堂。学生自己给同伴搭支架。

三、示范课

第一次试讲时，我把教学重心放在对传统的新闻六要素的梳理上，以此形成新闻稿写作的支架要素，然后让学生以小组为单位模拟口头采访，学生的参与度很高。但是，由于真实语篇的输入有限和语言支架的铺垫不足，学生在新闻写作的理解和内化上有困难，最后的输出环节未能充分运用语言知识表达出观点。

由此，在试讲之后进行的教学设计改进中，我关注了学生的内化环节，将语篇结构的探讨更加深入地分为 what、when、how、where、why、interview 和 comments 等部分，引导学生运用已有语言知识，想出更多的写新闻的表达方法。在正式授课时，师生的互动从检查对新闻框架的理解转向探究新闻的意义，我对学生的回答也不再是简单的重复，而是进一步追问，学生在回答的同时还需要提供理由来支撑自己的观点。学生很愿意说，很融入课堂。

【专家点评】范可星老师在读写课教学中不断反思，对人教版 MODEL 4 的 Making the news 公开课进行了几次打磨。第一次时她根据专家建议，深入分析语篇结构，努力使产出和输入一致，把最后一个环节落实到写新闻，而非说新闻。第二次是为相同内容到普洱中学重点班送教下乡的公开课做准备。课前，范可星和专家在宾馆里讨论到半夜 1 点多。在反复的打磨中，范可星针对"优诊学"前测中发现的学生语篇体裁识别能力弱的问题作了充分准备，使学生能够把握写作材料的体裁特征、新闻要素构成，同时注重写作中的衔接。范老师说："专家说我太关注自己的教，想要通过预设把学生带到我想要学生去的地方，而这个预设给学生的空间很少，教师的控制性太强。我认识到了，课堂不要被老师控制。老师需要放开一些，根据学生的水平因材施教。"

资料 6　基于诊断测评的高中读写课两次教学改进案例

范可星　黄菊

一、授课教师简介

范可星（以下称为"教师"），2016 年毕业于西南大学英语（师范）专业；2017 年 9 月入职西南大学附属中学，成为一名高中英语新手教师；2017 年加入西南大学基于"优诊学"诊断性测评的高中英语写作教学研究的协同课题组。

　　该课例第一次上课班级为西南大学附属中学高二（20）班，有 55 名学生，整体英语基础处于中等水平，学生对英语兴趣较高。在阅读方面，学生能够获取文章大意，基于文本进行简单推理判断；在写作方面，学生在组织文章结构、补充细节以增加文章的衔接和连贯性方面比较欠缺。第二次公开课的授课对象为云南省普洱市普洱中学的高二某班学生，该班整体英语基础处于校内比较好的水平，但平时在口语和写作方面的训练比较少。

二、两次教学改进的实施过程

　　教师写作公开课选取的教学内容为人教版《高中英语》必修 5 Unit 4 "Making the news"。本研究基于教师教学设计、教师反思、访谈转录和课堂转录等数据，探索如何基于对学生学情的诊断，设计和开展高中英语写作教学。研究发现，随着教学的改进，教师对课文的理解不断加深，对写作框架的梳理愈加清晰，对改善学生写作技能弱项的教学活动的设计更具逻辑性。通观整个教学改进过程，教师的写作教学逐渐向培养学生自身写作测评素养和增强其英语实际运用能力的方向发展。

　　1. 聚焦体裁形式，形成语言能力

　　在准备第一次"优诊学"专家下校的公开课过程中，教师基于平时的课堂观察和诊断测评结果，发现学生的语篇连贯、词汇运用、衔接连贯运用和语篇类型识别等写作微技能较弱，因此，将这节读写课的教学目标主要集中在这些技能的训练上。教师首先用贴近学生校园生活的主题激发学生的写作兴趣；将语篇类型识别方面的教学目标定为了解校园新闻的总体特点和基本结构，明确新闻的几大要素；在语篇连贯、衔接连贯方面，重点分析新闻的语言特色和进行填入衔接词练习。教师把教学的重心放在介绍传统的新闻六要素的结构和对内容的梳理上，给学生提供了自已编写的有关校园缤纷节的阅读材料，并采用读写结合的方法，通过以下一系列的课堂活动，让学生理解和分析一篇校园新闻稿的总体特点、结构要素和语言特色。

● Features 引导学生了解新闻的特点

Task 1　Read and tell which might be a piece of news and conclude the features.

● Structure 引导学生关注新闻的结构特点——新闻的要素

who　when　where　what　how　why　interview　comments

Task 2　Predict the key elements of news and check the prediction.

● Language 关注语言使用的丰富性和新闻语言的正确性、连贯性

Task 3　Brainstorm other expressions to replace the given ones.

Task 4　Read and find a mistake in the title.

Task 5　Fill in the blanks to make the news more coherent (连贯的).

(引导学生注意新闻的时态和语言的衔接连贯)

在输出环节中，教师将学生分为若干小组，提供了一系列校园新闻事件，让学生在组内进行有关新闻的口头采访，学生的参与度很高。

● Writing 写一则校园新闻

Task 6　Group work. Review what we've learned and make a piece of school news.

Topic 1：Alice's special English class

Topic 2：Our last class meeting for the group display

Topic 3：Our latest English exam

从学生的课堂表现来看，这节课的主要目标基本达到。学生对语篇结构和新闻语言的理解比较到位，能够对教师给出的范例，通过对比分析找出新闻语篇的主要特征——即时性、简洁性、重要性和真实性；能在教师的引导下，识别和概括出新闻的语篇结构要素——人物、事件、时间、地点、原因、经过，即新

闻相关的事实和观点；能在小组内选择感兴趣的新闻进行讨论，并在语境中梳理相应的事实和观点；较多学生能够运用"新闻事实—观点评价"的语篇结构，对校园新闻进行英语汇报并发表看法。

参与"优诊学"专家下校活动的华南师范大学朱晓燕教授对这节课例的点评是，应该加强原汁原味的真实语料的输入。由于教师提供给学生的语料只有一篇自编的新闻文本，输入量非常有限，而且输入的语言不够原汁原味，使得学生得到的写作方面的语言支架不足，对新闻内容写作的理解和内化上有困难。另外，教师给学生输入的是书面的文本，但在最后环节进行的却是口头输出而非书面写作，因而未能充分引导学生运用写作知识表达观点。

2. 关注学生内化，促进同伴评价

2017 年 11 月，在西南大学外国语学院杨晓钰教授带领下，本文两位作者赴云南省普洱市的普洱中学进行教学交流活动，由教师在普洱中学的高二年级给普洱地区高中英语教师进行了一次该单元的读写公开课。

在公开课的前一天，教师在普洱中学的某班级先进行了试讲，把教学的重心放在对传统的新闻六要素的梳理上，以此形成新闻写作的支架要素，然后组织学生为准备写作进行小组范围的口头采访，学生的参与度很高。但是，由于对学生真实语篇的输入有限和语言支架的铺垫不足，学生对新闻写作的理解和内化有困难，在最后的输出环节未能充分运用写作知识表达观点。

课后，杨晓钰教授对教师进行了指导。教师在反思中写道："杨老师说我太关注自己的教，想要通过预设把学生带到我想要学生去的地方，而且这个预设给学生的空间很少，控制性比较强。我反思了，确实课堂不要被老师控制。老师还是要放开，根据学生的实际英语水平进行适当调整就好了。"

据此，教师在试讲之后进行了读写教学设计的第二次改进，教学重点依然是针对学生的写作弱项，从新闻的文体特色、结构要素和衔接连贯入手，使用过程性写作的方法，突出学生的中心地位，对学生的学进行诊断。到正式的公开课上，教师是这样展开课例的：

- Lead-in 与学生交流，自然过渡到这节课例的学习目标

True or False 通过问答活动进行师生互动

To share what NEWS stands for. (something happening in the north, east, west and south)

To show the learning objectives and set students' focus on the content part of the news.

- Pre-writing (format and language) 通过预测、对比、概括等方式将新旧知识结合，形成新闻写作体系

- Format：

Brainstorm the format of news report's content.

Read a report and finish the mindmap of format.

Check the format of news report. —Tip1

- Language：

Circle the verbs and tell their tense. —Tip 2 & 3

- Take in and prepare for today's news 回忆新闻相关的要素及语言特点，同时形成新闻写作的思维导图

Prepare for today's news：who when where what

Interview the people and get their opinions. —Tip 4

- Finish the report

- Edit and revise 以刚刚形成的思维导图作为评价表给同伴的作文打分

这一次，教师关注了学生的内化过程，将语篇结构更细致地分为 what、when、how、where、why、interview、comments 等部分，引导学生运用已有语言知识，想出更多的新闻表达方法。

在授课中，师生的互动从检查对新闻框架的理解转向探究新闻的意义，教师对学生问题的回答也不再是简单的重复，而是进一步追问，使得学生在回答的同时还需要提供理由来支撑自己的观点。教师从学生的角度出发，减少了对课堂的控制，留给学生更多的自主权，而学生的输出也给了听课的老师很多惊喜。在随后的评课中，听课老师表示："说实话，我真没想到学生能想这么全，说这么多，有的（想法）我都没有想到！""通过这个（公开课活动）我更好地了解了学生是怎么想的，（学生）能够开口说英语并且上台表演，我能强烈地感受到学生的潜能是无限的。"

附录二 周红课题组案例资料

资料1 石家庄二中实验学校高二下学期"优诊学"测评诊断报告解读

施东梅

一、班级整体情况

本次共有 38 人参加测试，其中 21 人为原班学生，17 人为新加入学生。

1. 班级英语综合能力

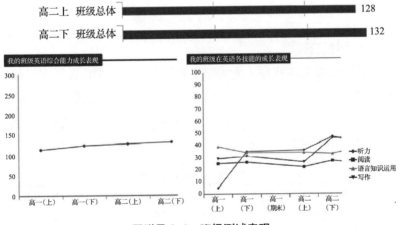

图附录 2-1 班级测试表现

就班级英语综合能力来看，学生的整体英语水平虽然变化不是太明显，但仍在稳步提升，班级整体综合能力由原来的 128 提高到 132，提高了 4 个点。就四项大的技能来看，除了语言知识运用基本持平以外，听力、阅读和写作都有非常明显的提高。

2. 词汇量

经过高二的半年英语学习，学生的词汇量在继续上升。班级平均词汇量增加了近 400 个单词，主要来源于课本学习，也得益于课外阅读、课前演讲和 Word Bank 等相关活动。

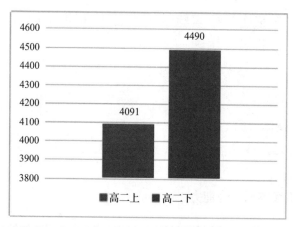

图附录 2-2　班级词汇量

3. 词汇微技能

就词汇微技能表现来看，学生在词形转换、短语及固定搭配、日常交际用语方面的表现与上学期基本持平，健康相关词汇比高二开学初有所退步，但是社会文学相关词汇、学校生活相关词汇以及自然相关词汇等方面进步都很大。

表附录 2-1　词汇微技能表现

姓名	词形转换	短语及固定搭配	日常交际用语	健康相关词汇	社会、文学等相关词汇	学校生活相关词汇	自然相关词汇
高二上	23	23	27	27	21	14	17
高二下	24	23	26	23	25	21	24

（注：每项微技能满分为 30 分）

二、班级个体情况

1. 研究课题重点观察的两名学生的测试情况

表附录 2-2　两名学生综合能力测试表现

姓名	高一上	高一下	高一期末	高二上	高二下	高二期末
黄 *	99	+22			+44	−26
姚 **	123	+9			+37	−24

从数据上可以看出，他们的综合能力在这学期都有明显退步。

表附录 2-3　两名学生听力表现

姓名	听力						
	高一上	高一下	高一期末	高二上	高二下	高二期末	高三上
黄 *	0	+28		+26	−8	+54	−45
姚 **	10	+4		+40	−8	+54	−45

表附录 2-4　两名学生阅读能力表现

姓名	阅读						
	高一上	高一下	高一期末	高二上	高二下	高二期末	高三上
黄 *	37	−4		+10	+1	+11	−15
姚 **	29	−7		+1	+1	+6	−10

表附录 2-5　两名学生语言知识运用能力表现

姓名	语言知识运用						
	高一上	高一下	高一期末	高二上	高二下	高二期末	高三上
黄 *	31	−4		+23	−21	+20	+4
姚 **	55	−10		+16	−13	+8	−8

表附录 2-6　两名学生写作能力表现

姓名	写作						
	高一上	高一下	高一期末	高二上	高二下	高二期末	高三上
黄 *	0	+27		−17	+37	+42	−38
姚 **	0	+100		−75	−6	+24	−12

就各项技能来看，两名学生阅读能力都是与原来持平，听力和语言知识运用能力有退步，尤其是语言知识运用能力退步较大。写作技能方面，姚 ** 同学进步很明显，而黄 * 同学有一定下滑。

2. 原因分析

（1）词形转换、短语及固定搭配、日常交际用语等是平时教学的重点，每学期的关注程度基本相当，所以该方面学生的表现也基本持平。

（2）关于健康相关词汇，由于高一课本内容涉及健康话题，学生对相关词汇、话题文本比较熟悉，所以在上学期健康相关词汇部分表现较好。但高二教材不涉及健康词汇，所以学生对这部分词汇有些生疏，表现上比原来有所退步，接下来还得开展相关词汇教学活动，帮助学生巩固此话题相关词汇。

（3）社会文学相关词汇、学校生活相关词汇以及自然相关词汇在高二的课本中都有相关单元涉及，所以学生对相关词汇把握比之前有所进步。由此也可以看出，按照课本单元内容开展相关话题的扩展阅读和词汇运用活动是非常必要的。

（4）题型因素。"优诊学"测评系统中有些题型和学生们平时考试、练习的题型不同，比如首字母单词填空和共享选项的选择题等，尤其是首字母填空题直接考查学生的词汇量和对词汇的熟悉程度，且学校生活相关词汇很多都是首字母填空，这在很大程度上加大了试题难度，影响了学生的微技能表现。

资料 2　石家庄四十二中某班三次"优诊学"测评诊断报告分析

许　娜

2017 年 9 月底，我班首次参加外研社的"优诊学"测试。2018 年 3 月和 6 月，我们分别进行了第二次、第三次的诊断测试。

根据测试平台的反馈报告，班级整体的平均词汇量有了较大的提升，全班平均词汇量由第一次的 3500 增长到第二次的 4084，再到第三次的 4234，其中最高的成绩为 5210。与第一次有 15 名同学低于目标词汇量的要求相比，后两次低于目标词汇量要求的都只有各 5 名同学。

在班级词汇知识运用能力方面，诊断报告显示，前两次测试中与学校生活相关的词汇和短语及固定搭配得分较低，是学生的弱项。通过对报告的分析以及对课堂教学的调整，第三次的测试取得了明显的进步，短语及固定搭配上升到 20 分，与学校生活相关的词汇也由原来的最弱项提升到了 15 分。

在前两次阅读微技能诊断中学生在对文章主旨大意的把握和确定句间逻辑上相对较弱，由于调整了课堂教学，进行了有针对性的训练，第三次的测试中这两项分别达到了 21 分和 24 分。

表附录 2-7　班级阅读微技能的表现

	理解主旨大意	辨别文章来源	理解主要观点	确定句间逻辑	推测生词含义
第一次测评	17	25	16	22	18
第二次测评	15	17	12	12	18
第三次测评	21	25	12	24	19

在前两次的语法知识运用能力诊断测试中，学生在时态、主从复合句和倒装强调方面较弱，经过一年的努力，第三次诊断时这三项的分数达到了 15 分、22 分、23 分。

表附录 2-8　班级语法知识运用能力的表现

	倒装与强调	非谓语动词	时态	虚拟语气	主从复合句
第一次测评	20	18	20	8	19
第二次测评	12	21	13	16	12
第三次测评	15	21	22	12	23

写作方面，与上学期类似，词汇、语法、写作常规这几项最弱。

表附录 2-9　班级写作微技能的表现

	识别语篇衔接连贯	识别语篇语言特征	内容的传达	词汇的运用	语法的运用	衔接连贯的运用	写作常规的掌握	写作字数的把握	篇章结构的把握
第一次测评	18	17	22	15	15	19	15	29	29
第二次测评	21	14	20	14	14	16	14	27	27
第三次测评	18	23	15	11	8	12	11	21	15

从以上的诊断报告可以看出，经过一个学期的努力，学生在词汇、语法、阅读三个方面取得了明显的进步，不过写作中的语言基础还是弱项，需要我们继续调整课堂设计和教学内容，也需要师生付出更多的时间和精力。

依据"优诊学"测评诊断报告，我分别找不同层次的学生谈话了解情况，他们反映的问题主要可以归纳为以下三个方面：

第一，词汇是英语学习的基础，词汇量小是英语学习的障碍，阅读和写作能力的提升与词汇量有很大关系。

第二，从三次"优诊学"测评的诊断报告中都能看出学生的语言基础是弱项，尤其体现在词汇、语法的运用和写作常规三个方面。学生对于所学过的短语和句式以及讲过的语法现象，不能很好地理解和记忆，更缺乏举一反三、灵活运用的能力。部分学生在写作前不审题不构思，导致文章要点不全，内容表达欠缺，同时缺少必要的衔接和过渡。另外，写完文章之后，绝大部分学生不去检查和修改，导致作文分数较低。这三项恰好对应了数据分析所显示的结果。

第三，与上学期相比，学生们在五项阅读微技能上取得了明显的进步，但是因为对文章没有进行深层次的思考，所以在理解文章主要观点这一项上仍有缺陷。基于"优诊学"诊断测评，我及时了解到了学生的问题所在，进而反思自己的课堂教学，调整自己的教学计划。

以下是在运用"优诊学"诊断报告结果调整教学的过程中我的一些做法。

针对学生词汇、短语等基础知识薄弱的问题我采取的措施是：第一，加强对单词背诵的检查，利用早自习和课上 5 分钟进行跟读和重复记忆练习，同时辅以各种形式的小测验，注重落实、检测和反馈；第二，在日常教学中，让学生对每个单元的主题有目的地进行归纳整理，培养词块意识，为同话题作文积累相关词汇；第三，继续坚持每天的"两词＋一句"积累，让学生从课外材料中积累好词好句，扩充词汇量，丰富表达方式；第四，在高三一轮基础知识复习之前加上基础词汇和短语的复习，帮助学生夯实词汇基础，提高学生基础词汇的表达和运用能力。

第二次的"优诊学"测评报告显示，学生的学校生活相关词汇贫乏，针对这一测试结果我在教学中加强了相关话题的写作。以模块 7 第三单元 A new dimension of life 为例，在泛读结束之后，我要求学生在熟悉课文内容的基础上制作思维导图，在课上展示交流，然后由 A new dimension of life 过渡到学生的学校生活，让学生去挖掘 A new dimension of school life。在写作之前，我们进行了大量的素材积累和铺垫，围绕 school life 进行小组讨论，以头脑风暴的形式尽可能让学生挖掘关于学校生活的素材，然后结合实际，将高二学生 3 月份的成人礼和 4 月份的研学远足活动作为写作重点。做好了准备工作，学生的作文写起来就比较容易，大家的热情也高涨了。通过师生的共同努力，在第三次的"优诊学"诊断测试中我们取得了明显的进步。

对于学生写作中出现的问题，我们需要帮助学生：加强词汇积累，培养词块意识和语篇意识；补充阅读材料，使学生体会不同体裁、不同题材的文章；设计不同形式的写作训练与练习，使用多种批改方式，鼓励学生进行反复修改。

在高三总复习阶段，我们要注重围绕主题和语篇意义的语言表达形式，培养学生从阅读文本中学习词汇、语法、句法，以及句间、段间的衔接，和篇章结构等，并将学到的这些内容应用于学生自己的写作中。学生应该针对每单元主题进行话题写作练习，并有意识地运用与主题相关的短语和不同句式，尤其是各种高级句式，使表达富有变化。同时，学生还需要加强优秀语篇的积累和背诵。另外，学生应根据自己的情况，充分地使用"优诊学"测评平台上不同形式的练习题库。

资料3　石家庄二中基于诊断报告的行动计划（阅读专题）

张英伟

一、诊断报告分析

我授课的班级于2017年9月底进行了高二诊断测评，根据诊断数据，我梳理出学生需要改进和提升的方面。

如表附录2-10所示，在阅读微技能中，学生的理解主旨大意和理解主要观点两项微技能弱势比较明显，在今后的教学活动中应该有所侧重。而阅读离不开词汇以及语法框架，为了找出问题所在并采取有效措施，我对学生的词汇和语法表现也做了分析。

表附录2-10　班级阅读微技能表现

理解主旨大意	辨别文章来源	理解主要观点	确定句间逻辑	推测生词含义
19	27	18	22	22

表附录 2-11 班级词汇运用能力表现

词形转换	短语及固定搭配	日常交际用语	健康相关词汇	社会、文学等相关词汇	学校生活相关词汇	自然相关语汇
23	18	24	22	19	9	15

出乎我的意料,学生在与学校生活相关的词汇上得分会如此低,这点出了我平时教学上的漏洞。而我们的高一和高二教材都包含自然话题的课文,这方面得分低反映出学生们按话题记忆词汇的意识不强。短语及固定搭配一直是我们班英语学习上的障碍,动词短语掌握还稍稍好一些,形容词和名词搭配特别容易混淆,让我惭愧的是我一直未能采取有效措施来解决,这次诊断测评又一次让我直面了这个问题,所以必须要采取行动了。

表附录 2-12 班级语法运用能力表现

倒装与强调	非谓语动词	时态	虚拟语气	主从复合句
22	22	22	9	24

语法的情况相对要好一些,这与我们平时课上的强调、课下的练习以及学生的重视是分不开的,虚拟语气因为属于选修 6 的语法,我们还没有系统地讲解,所以得分有些低倒是很正常的。

二、我的反思

诊断测评数据使我不仅对班级整体的英语学习情况有了更细致的掌握,也使我对每个学生的英语学习情况有了更加清晰的了解。我反思自己的教学,有两个优点或者说可取之处:1. 重视学生阅读策略的培养,每个单元的课文都坚持分析文章的结构、主旨大意,也会挑选个别典型的课文指导学生关注文体,这使学生在阅读时能跳出文字,站在更高的层次上理解文章;2. 语法教学注重语境。我们从高一开始把语法规则套在语意丰富的句子里面,坚持让学生每个学期背诵 150—200 个例句,并在月考、期中考、期末考以及寒暑假作业中反复出现这些句子，使学生能以更直观、更具体的形式学习语法。当然，自己教学中的不足之处和需要改进的地方更多：1. 词汇的教学侧重考点，而忽略了语境、搭配和话题的学习；2. 在拓展阅读时过于关注阅读的过程而忽略了词汇的积累，导致学生词汇量不是很大，也影响了对阅读的精准理解；3. 阅读的学习策略比较单一，未能给学生以有效指导。

三、下一阶段教学计划

基于对数据的分析和反思，我制订了下一阶段的教学改进计划：

1. 借助《21世纪学生英文报》，在扩充学生阅读量的同时要求学生注意对词汇进行分类整理，并记录在 Word bank（英语单词积累本）上，定期复习。

2. 研究、学习《21世纪学生英文报》上的思维导图，并在自己的教学中有效地使用，帮助学生迅速 get the gist。

3. 利用"优诊学"测评平台的组卷功能，每个星期给学生组出有针对性的练习题目，帮助学生提高相应微技能。

4. 结合对诊断报告和期中考试英语成绩的分析，了解每个学生的个性化情况并给以相应的指导，对特殊的学生采用追踪式指导。

5. 变化教学形式，设计更丰富的教学活动，比如，采取过关进阶式阅读，参考考纲给学生设计出相应的阅读能力级别，一级一级地突破，以激发学生的阅读兴趣和内在动机。

四、总结

这次的诊断测评让我充分体会到了大数据时代的便捷、高效和精准，许多我意识到但并未采取有效措施来更正的问题特别清晰地呈现在我面前，督促着我去面对、去解决。有了数据和专家的指导，相信我们一定会有所突破！

资料 4　我对高中英语课堂教学的反思

许　琳

随着"以学生为本""把课堂还给学生""让学生做课堂的主人"等课堂教学模式改革的不断深入，课上小组活动这种形式也越来越成为英语教学的主流。小组活动对英语教学有很大帮助，生生互动加大了学生在课堂上的语言输出，学生之间的交流为学生提供了更多自由表达的机会，改变了教师单方面主宰课堂的局面，也在一定程度上缓解了师生交流给学生带来的紧张。学生互相帮助让语言学习活动得到及时反馈。学生通过与同龄人互动对比，更容易发现自己的不足，可以起到生生之间教学相长的作用，并能激发奋进的斗志。教师也可以通过观察学生的活动，对学生语言学习过程中的偏差及时进行调整，纠正错误。在课堂上我采用了以下几种课堂活动形式：

1. 两人小组活动。对于比较简单的对话练习，我选择同桌两人结组活动。

2. 四人小组活动。对于一些词汇或语言点的学习或新句型操练，我选择前后桌四人小组活动。

3. 自由选择小组活动。对于一些故事表演、辩论比赛等，我使用自由选择分组活动。

以上几种小组活动各有利弊。两人活动操作起来比较简单，在不用调换座位的前提下就可以进行，但交流对象较受局限。四人小组活动可以撞击出更多火花，进一步促进了思维发展，尤其是进行新句型操练时，可以变换沟通的对象，使语言更丰富。小组合作易于使学生及时发现语言、语法运用上的错误，进一步强化英语综合运用能力，但座位的局限也可能使一些学生不能充分发挥自己的才能，甚至失去进步的斗志。在自由选择小组活动时，学生可以根据实际情况自由选择同伴，比如，学生可以选择和自己实力相当的同学一起练习，这不仅激发他们的斗志，也提高了他们参与活动的兴趣和积极性。这种形式的弊端是容易出现分组实力不均的情况，另外就是有的学生趁机扎堆聊天，影响课堂教学秩序。

开展课堂小组活动是为了促进学生自主学习，让学生学会自主发现问题、自主探究问题、合作解决问题，使学生由被动的知识接受者转变为课堂教学的主体，提高课堂教学的有效性。但是，在课堂教学中我也发现小组活动存在一些问题。通过各种小组活动，学生都"参与"进来了，课堂气氛也"活跃"起来了，看上去学生都在热热闹闹地积极参与小组活动，实际上效果却不如预期的那般理想。甚至，时间久了我还发现，这种课堂活动好像有些形式化，学生如同预先被设置好程序的机器人，只是机械地参与活动，课堂效率降低了。

回顾以往的课堂教学，我发现造成这种情况的原因主要有以下几点。首先，我从自身找原因，确实有些时候为了让课堂显得生动些，学生积极些，在某些不需要小组活动的情况下也安排了小组讨论、小组合作。这不仅浪费了宝贵的时间，也使学生失去了兴趣。有时考虑到时间紧迫，给小组活动的时间太少，以致小组活动刚开始进入主题就草草收场，这不仅达不到小组活动的目的，也挫伤了学生的学习热情，使学生养成了敷衍了事的习惯。其次，小组划分缺乏科学性。日常教学的小组多以同桌两人组或前后桌四人组来划分，有时还会根据学生要求打乱重组。这种随意性较强的组合方式缺乏科学性，组内难互补，组间不平衡，以至于活动中能力强的学生总是代替组内其他同学发言，能力弱的同学则被剥夺了话语权，有的组活动热烈，有的组却一言不发。再则就是评价不及时和奖惩制度不合理。教师对每次课堂活动的评价不及时，使学生认为小组活动就是走形式，缺乏竞争意识，打击了学生的积极性。有时由于时间原因教师倾向于整体评价，这使得学生个体误以为和他们没关系，参与或不参与、参与得好与坏都无大碍，反正老师不会在意个人，这就严重地挫伤了学生个体的参与积极性。

通过总结反思我发现了自身的不足，并准备从以下几方面改进课堂教学活动。第一，深入理解课堂小组活动的目的和作用，在以后的课堂活动设计中学会有的放矢，避免无效的课堂活动，积极构建和设计高效的小组活动，同时给学生留出充分的思考、讨论和交流的时间，让学生都有发言的机会，必要时可督促学生加快节奏，提高活动效率，真正做到激发学生兴趣、调节学生动机和情绪、营造良好的课堂气氛，避免"为活动而活动"的现象出现。第二，科学编排各个小组。要充分考虑学生的成绩、性格、性别、交际能力等因素，坚持"组内存异，组间求同"的原则，合理编组，并安排一名组长管理整个小组。这样可以为各组间的公平竞争打下基础，同时又使学生学会与不同人相处，尤其是学会关心那些交际能力弱、学习成绩落后的同学，争取组内同学共同进步。第三，既要做整体评价，也要做个体评价，要制订合理的奖惩制度并严格执行。做评价的时候要准确、具体，使用如"xx组真棒，全体成员全部参与""xx组互帮互助，汇报具体全面""xx组在合作时，有些成员不够投入"这样的评语，对组内表现优异的学生和进步较快的学生进行表扬和奖励，对组内合作意识较强、团结互助进步较大、表现突出的小组进行表扬和奖励。要通过这种模式激发其他学生的竞争心理，达到全班齐竞争、共进步的结果。

资料5 基于诊断测评提升高中英语阅读微技能的探索

孟建芳

摘要：当前，英语教育正从考试文化逐渐向评价文化转变。诊断测评作为形成性评价的一种重要方式，能够对教师课堂教学决策和教学水平的提升有很大帮助。本文就如何利用"优诊学"平台的诊断测评功能来提升学生的英语阅读微技能进行探讨。

关键词：诊断性测评　高中英语　阅读微技能

一、引言

　　阅读教学是英语教学的重要组成部分，也是落实新课标精神和英语学科素养的重要途径，阅读能力的高低影响着学生英语综合能力的水平。2017 年高考考纲对考生阅读理解能力的考核目标与要求是：要求考生能读懂书、报、杂志中关于一般性话题的简短文段以及公告、说明、广告等，并能从中获取相关信息。具体来说，考生应能"（1）理解主旨要义；（2）理解文中的具体信息；（3）根据上下文推断单词和短语的含义；（4）做出判断和推理；（5）理解文章的基本结构；（6）理解作者的意图、观点和态度"。对很多学生来说，阅读是非常头疼的部分，他们对自己具体能力的弱项不清楚，不知道该如何提高阅读能力。因此，学生在考试的阅读部分往往失分很多。此外，很多教师在阅读教学中所做的也只是就题论题，没有对学生错误的根本原因进行深入的分析。那么，如何精准地定位学生阅读学习中存在的问题，并采取行之有效的办法来提高学生的阅读能力就成为迫切需要解决的问题。为此，笔者进行了利用诊断测评改进学生阅读能力的教学实践。

二、诊断测评在阅读教学中的意义

　　诊断性测评作为目前较为常用的一种测评手段，在教学中起到了越来越重要的作用。一方面，学生可以根据教师的反馈和诊断的反馈及时改进自己的学习方法和策略；另一方面，教师可根据反馈结果调整教学计划，创设更多具有针对性的学习活动，帮助学生选择适当的课程或学习内容。（武尊民，2017）以诊断性测评为理论依据的"优诊学"（UDig）测评平台是由北京师范大学和外语教学与研究出版社联合研发的比较成熟的诊断体系。它能够对学生的弱项进行精准测试，为教师的教学决策提供依据，调整下一步教学。此外，"优诊学"测评平台开发的多种有针对性的练习可以对学生进行查漏补缺的训练，它为学生推送"私人订制"练习，使学生实现个性化学习。就英语阅读教学来说，诊断性测评能够对教与学的过程进行及时的测量，使教师的阶段性教学目标更有针对性。诊断平台的各项微技能（理解主旨大意、理解主要观点、确定句间逻辑、推测生词含义、推断态度意图）与高考对阅读理解能力的考查高度一致。诊断平台对学生的各项阅读微技能进行精确量化，对阅读教学有显著的促进作用，是提升学生阅读能力的很好的途径。

三、诊断测评用于阅读微技能的探究

我校是中国基础教育外语测评研究基金的阅读课题实验校，因此我班学生参加了"优诊学"平台的教学测评，我自己也参与了基于诊断测评的阅读能力提升的行动研究。以下是具体的行动研究过程。

1. 问题的提出

2017 年 10 月底，我校实验班学生第一次参加"优诊学"平台测试。测试诊断报告显示，学生在英语阅读学习中存在的主要难点是：确定句间逻辑和理解主要观点（见表附录 2–13）。

表附录 2–13　班级阅读微技能表现（第一次测试）

理解主旨大意	理解主要观点	确定句间逻辑	推测生词含义	推断态度意图
23	14	13	23	20

2. 原因分析

教师通过对学生现状进行调研分析及与部分学生交流、访谈，找出了以下几方面的原因：

（1）词汇匮乏

我班学生情况比较特殊，他们是省理科竞赛生，从 2017 年 3 月份开始英语课基本处于半停课状态，9 月下旬起才恢复正常上课。长达半年的学习间断不仅阻碍了学生对新词汇的学习、掌握，还造成学生对已学词汇的淡忘。此外，词形变换方面的弱势反映出学生的灵活运用能力较弱且对单词词形变化掌握不牢。我们都知道"词汇量是阅读的基础"，所以，阅读中的生词及以构词法形式出现的词成为学生阅读中的障碍。

（2）阅读量的限制

高中学生的阅读量要求是 30 万词，但是学生的阅读情况不乐观：阅读材料比较单一，阅读时间也没有保障。我班学生在高一、高二阶段基本是学习教材和阅读材料，进入高三后变成了每周只做套题练习中的阅读部分，阅读量明显不足。即使有一些补充材料，也会因为学生课下没有足够的时间而造成阅读效果不佳。阅读量不足就会导致学生缺乏英语学习所需的语感，从而影响阅读能力的提升。

（3）逻辑思维的缺失

学生在确定句间逻辑问题上的弱势实际上是逻辑思维缺失的反映。测试结果表明，我们的学生在阅读中对事实细节的把握比较好，而对于篇章的整体把握，以及预测、推理、判断等能力明显不足。此外，阅读教学中深层阅读的缺失造成学生对逻辑思维和批判性思维的练习、培养不够。学生在平时学习中对 logical reading/ critical reading 的练习和重视不够，这都导致了学生缺乏自主分析语篇、把握上下文逻辑的能力。

四、行动方案

通过对造成阅读困难的原因进行深入的分析并结合平时授课中的观察体会，我在此后阶段的教学中采取了以下补救措施。

1. 扩充词汇量

无词汇，不阅读。词汇量的大小决定了学生阅读能力的高低。为了扩大学生的词汇量，我要求学生建立属于自己的"个性词汇本"。学生可以汇总在阅读中遇到的生词，也可以归纳阅读或完形练习中出现的高频词，或者短语、好词好句。学生可以采用不同形式来总结，如建立 word bank、vocabulary square 等。这些方法大大提高了学生的学习兴趣和学习效率。此外，构词法也可以用来帮助学生记忆单词。在阅读中学生经常会遇到由构词法形成的生词，如果不熟悉构词法就不能对词义做出准确的判断或猜测，从而产生阅读障碍。所以，掌握基本的构词法（合成、派生、词性转换）会减少学生在阅读中的生词障碍，增加阅读的流畅性和精准度。如：able 可以派生出 disable、disabled、unable、enable、ability、disability 等。

2. 补充课外阅读材料

学生对课外阅读的重视程度不够，花费的时间也不多，造成了课外阅读效果不佳。为此，我在阅读教学中采用了"课外阅读"与"课内阅读"（周四为阅读课）相结合、"精读"与"泛读"相结合的方法来保证阅读的数量和质量。为了弥补材料的不足，我在阅读课上给学生提供了拓展性阅读材料，如 9 册或 10 册选修课本的部分内容、《21 世纪学生英文报》以及我们的校本教材小说鉴赏材料，来激发学生的阅读兴趣，培养学生的阅读素养，变阅读为"悦读"。

3. 逻辑思维的培养

逻辑思维是英语学科素养中思维品质的重要体现，而且，逻辑无处不在，学生无论平时日常会话还是写作中遣词造句，都离不开逻辑。因此，在平时上课中我总是有意识地关注学生逻辑思维意识的培养。此外，我结合高三的教学特点，在逻辑培养的过程中还与高考专项七选五题型的复习结合起来进行"逻辑专练"，通过让学生分析文章的宏观结构（macrostructure）体会段与段间的宏观逻辑（概括、分述、添加、比较、总结等），通过定位信号词把握文本微观逻辑（因果、并列、递进、对比、转折等），根据不同体裁文本的特点，让学生感悟文本内在或外显的逻辑关联。

"优诊学"平台 app 推送的"私人订制"练习是根据学生个人的诊断数据报告为学生量身定制的，它满足了学生"个性化"练习的需求。教师还可以充分利用"优诊学"测评平台的组卷功能，在周末为全班学生推送提升逻辑能力的练习。

五、阶段成果

1. 班级总体

经过一学期的教学策略调整和有针对性地进行练习之后，我班学生在 2018 年 3 月参加了"优诊学"平台的第二次诊断测试，以下是诊断测试数据报告。

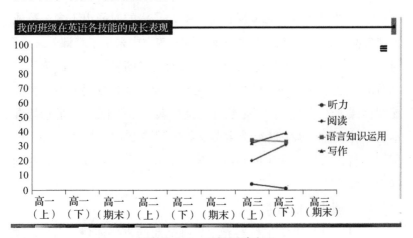

图附录 2-3　班级测试表现

表附录 2-14　班级阅读微技能表现（第二次测试）

姓名	理解主旨大意	理解主要观点	确定句间逻辑	推测生词含义	推断态度意图
班级总体	23	15	㉖	15	17

我们对两次测试的诊断数据进行了对比分析，欣喜地发现班级综合技能中阅读部分的提升是最明显的。在各项阅读微技能中，我们这一阶段教学中所侧重的、行动研究着重解决的"逻辑问题"有了显著的提升（13→26）。这与我们所采取的行动计划是密不可分的，表明我们的努力得到了回报。这个实验班在 2018 年高考中，英语单科成绩有 20 位学生在 140 分以上，最高分为 149 分。

2. 个案追踪

为了研究更加准确、深入、全面，我对实验班翟 ** 同学的诊断数据及其高三历次大型考试成绩和高考成绩进行了持续性的个案追踪，观察该生的学习变化。诊断数据显示该生的阅读微技能明显提升。该生高三的英语成绩总体呈上升趋势，2018 年高考英语成绩为 144 分。

表附录 2-15 翟 ** 同学两次阅读微技能测试表现对比

	理解主旨大意	理解主要观点	确定句间逻辑	推测生词含义	推断态度意图
第一次测试	30	21	⑧	20	15
第二次测试	30	15	㉚	10	20

表附录 2-16 高三学年翟 ** 同学的英语成绩汇总

姓名	期中考试（11 月）	质检一	质检二	一模	二模	高考
翟 **	133.5	138	142	140.5	140	144

六、结语

通过教学行动研究，我们可以看出诊断测评在很大程度上提升了学生的阅读微技能，而阅读理解能力的提升也促进了学生英语综合能力和英语学科素养的提高。此外，诊断测评对教师的教学决策也有很好的指导作用，在很大程度上帮助教师优化了课堂教学模式，最重要的是促进了教师教学意识的转变，使教师努力追求一种更有效的教学方式。当然，行动研究不是一蹴而就的，我们还要继续进行下一阶段的行动研究。尽管会遇到各种困难，我相信诊断测评的开展一定会在今后的教学探索中产生出更好的实践效果，我们在阅读教学行动研究的路上也会走得更远。

参考文献：

教育部，2018. 普通高中英语课程标准（2017 年版）[M]. 北京：人民教育出版社 .

武尊民，2017. 诊断性语言测评为课堂教学决策提供依据 [J]. 英语学习（教师版），（8）：20—25.

附录三　王学锋课题组案例资料

资料 1　太原五十六中高二下"优诊学"测评报告分析

辛志波

高二下学期的测试报告显示，学生的写作微技能中识别语篇衔接连贯和识别语篇语言特征这两项分数较低，写作字数的把握也不是很好。

表附录 3-1　学生写作微技能表现

姓名	识别语篇衔接连贯	识别语篇语言特征	内容的传达	词汇的运用	语法的运用	衔接连贯的运用	写作常规的掌握	写作字数的把握	篇章结构的把握
班级平均	8	8	23	16	15	17	17	10	22
白 *	0	0	21	15	15	20	15	0	0
陈 **	0	30	24	15	15	20	15	30	30
崔 **	10	20	24	23	15	20	30	30	30
冯 **	0	20	18	15	15	10	15	0	0
高 **	20	10	24	15	15	20	15	30	30
韩 **	10	10	24	23	15	20	15	30	30
胡 **	0	0	21	23	15	20	15	30	30
李 **	10	0	24	15	15	20	15	0	30
刘 *	10	0	24	15	15	20	30	30	30
苗 **	0	10	21	15	15	10	15	0	30
宋 **	0	20	18	15	15	20	15	0	0
王 **	30	0	21	15	15	20	15	0	0
魏 **	10	0	24	15	15	20	15	0	0

在和大部分同学谈话之后，我将原因总结如下：

1. 学生的母语写作水平限制了英语的表达；

2. 学生用英语写作时不会谋篇布局，只是简单按写作要求进行汉译英；

3. 学生的英语写作表达几乎不考虑意义的完整性；

4. 学生的英语词汇和语法运用能力有限，限制了对写作字数的把握。

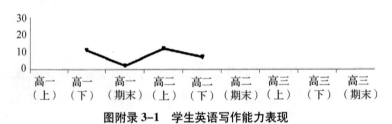

图附录 3-1　学生英语写作能力表现

在学生英语各技能的成长表现方面，报告显示，高二上学期稍微高于高二下学期，而高二下学期稍微高于高一整学年。对此问题分析如下：

1. 学生的英语学习，尤其是英语写作在进行了大量的针对性训练后有进步，但是进步比较缓慢，这符合语言学习的特点和规律；

2. 学生在上学期的学习状态好于下学期，下学期学习比较疲惫，精力不足，做"优诊学"测试时注意力不太集中；

3. 写作测试的难度稍大，学生的英语水平进步不是很大，所以分数略低。

教师与学生的困惑：

1. 如何较为准确地识别语篇语言特征？平时教学中应该如何更好地引导学生思考语篇语言特征？有没有较好的教学案例？

2. 学生英语写作受母语思维影响较大，平时教学中应该怎样引导学生恰当运用英语表达？有没有较好的教学案例？

3. 学生英语基础较差，写作尤为困难，有意义的写作难上加难，报告分析很全面，更加需要教学策略的指导。

资料 2 太原市育英中学两个班测评成绩的分析

曹若木

在利用"优诊学"测评平台对高二（6）班和高二（7）班进行了两次测试之后，我发现班里学生的写作成绩整体呈下降趋势，其中高二（6）班的成绩下降得更加明显。

高二（6）班为理科 A 班，学生在词汇、语法方面一直成绩不佳，然而这两次测试发现，学生在其他微技能上也出现了不同程度的下降，在写作常规与写作字数方面的表现同样不尽如人意。

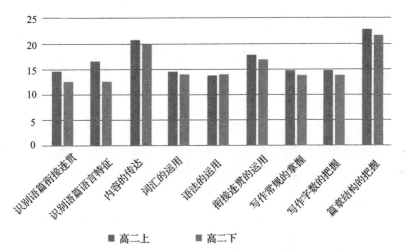

图附录 3-2 高二（6）班两次阅读微技能测试表现

高二（7）班为理科平行班，学生在识别语篇衔接连贯、识别语篇语言特征、词汇、语法、写作常规及写作字数的把握方面都有明显的不足，在识别语篇衔接连贯和识别语篇语言特征方面退步明显，但在内容的传达、词汇的运用、语法的运用、衔接连贯的运用和写作常规的把握方面有一定的进步。

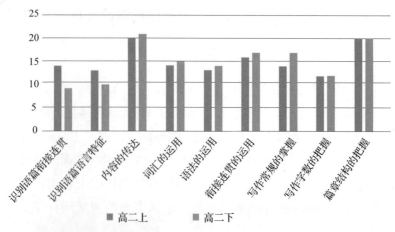

图附录3-3　高二（7）班两次阅读微技能测评表现

原因分析：

1. 本学期教学任务较重，我布置的写作练习在数量上有所减少；

2. 理科班学生"重理轻文"的现象较为严重，许多学生过于重视数理化等理科课程的学习，轻视英语，无论在课堂表现还是作业完成方面都不理想；

3. 阅读量不足。由于态度问题和自身的惰性，学生的阅读量无法达到要求。输入的不足导致输出的贫乏，语言单调，言之无物。阅读量的不足也影响到学生对于语篇特征的识别；

4. 写作热情不足。由于学生对英语学科缺乏重视，写作题目也缺少变化，部分学生对写作兴趣不高。

改进方向：

1. 转变理科生"重理轻文"的态度，提高学生学习英语的兴趣，努力将阅读变成"悦读"，将写作变成"悦写"。

2. 增加日常练习中阅读和写作的比重。

资料3　太原五十六中1703和1704班三次参与"优诊学"测评的数据分析

张爱萍

写好英语作文是一个长久积累的过程，在英语考试中作文占有很高的分值。要想总分高，作文得分必须高。英语作文是有技巧的，学生掌握一定的方法，就可以在英语考试中超常发挥。

"优诊学"测评工具从识别语篇衔接连贯、识别语篇语言特征、内容的传达、词汇的运用、语法的运用、衔接连贯的运用、写作常规的把握、写作字数的把握和篇章结构的把握这几个方面对写作微技能进行量化，使学生有针对性地进行命题作文的写作。通过对三次测评数据的分析，我们可以得出以下两点认识。

第一，测评数据表明，从宏观角度看，两个班的各项微技能成绩都呈上升趋势，也就是说随着语言知识的学习与积累，学生的写作水平是在不断提高的；但从微观的各个方面来看，1703班由于是特长班，基础相对薄弱一些，因此在词汇和语法方面比1704班弱一些。测评结果与平时的期中、期末考试数据基本一致，但1704班在语篇特征微技能方面比较弱，这可能与平时的写作教学强调得不充分有关。

其次，尽管数据反映出来不少问题，但这些问题应该如何解决，我自己很迷茫，不知如何下手。作为一线教师，更希望借助课题研究让自己的教学水平和学生的成绩有所提高。也就是说，希望对每一项微技能给出一些有针对性的训练，从而逐项击破，以最大限度地发挥课题的作用。

最后，希望借助"优诊学"测评平台在教学中不断完善自己，不断改进自己教学中的不足，让自己更上一层楼！

资料4　太原市育英中学三次"优诊学"测评情况分析

范　鑫

1. 通过测评发现，1702 班和 1708 班的学生在识别语篇衔接连贯、语法的运用和写作字数的把握等方面比较薄弱，主要原因是学生缺乏自查修改的训练，由于时间限制，文章字数不能符合要求。

2. 词汇和语法是两个班的共性问题，也是下一阶段努力突破的方向，学生忙于思考"写什么"，又要顾及"如何写"，难度较大，因此列提纲非常有必要。

3. 从整体测评结果来看，学生在各项技能方面还是有进步的，但由于看不到学生的文章，所以在改进上有局限性。

资料5　太原五十三中三次"优诊学"测评情况分析（之一）

梁美婷

1. 175 班和 176 班学生参与的每次测评，老师看不到，学生做完也就完了，不懂也没人给分析错因。就好像作业布置了，老师却没有进行有针对性的讲解，学生有可能觉得做了就行，即使老师强调，他们主观上也不够重视。

2. 查看成绩分析图发现，在三次测试中，高一期末考试期间学生做的测试，各项技能的分数都相对较低。分析原因，可能是"优诊学"测评内容和学生刚学过的课本内容话题不很相符，学生缺乏话题词汇和语言输入。建议专家在临近学生期中或期末考试出写作题时，可根据学生已学话题进行写作的测试命题，这样学生的积极性和重视度会高很多，也会更认真地去对待写作测试。

3. 写作测试包括前面的选择题和后面的书面表达题，前几次学生不太了解，所以没有做前面的选择题，导致有一些微技能得分低。之后，经过提醒学生基本完成了，但通过和一些平时基础不太好的学生沟通，他们觉得很多阅读篇章比较长，来不及认真分析做题，很多答案是随便选出来的，所以感觉测评的结果不够准确。

资料6 太原五十三中三次"优诊学"测评情况分析（之二）

张向华

1. 从177班和178班测评结果来看，学生在九项基本写作技能方面大多数还是越来越进步的。177班英语基础相对较好，而178班是文科的普通班，英语基础比较薄弱。所以，两个班的改进教学方法会有所不同。177班应更重视训练语言和内容的表达，178班则应侧重语法的讲解，训练学生能写出正确的句子。从测评结果看，177班学生进步最大的是识别语篇衔接连贯的能力，而178班进步最大的是语法运用这一项。

2. 通过观察发现，学生在写作常规的掌握和词汇的运用方面得分都不高，这可能与老师平时对学生的要求不高有关。今后要注意培养学生良好的学习习惯，让学生认真对待单词的拼写和标点的使用；要督促学生在完成写作后重读几遍，养成修改再修改的好习惯。

3. 词汇的运用可能是这两个班具有共性的问题，是阻碍学生英语语言表达的最大障碍，也是我努力想要帮助学生突破的难关。学生在平时写作中表现出来的最大问题就是脑中没有句子，无从下手。学生平时每天都在背单词，但是明显感觉背诵单词、短语和运用单词、短语写句子是两回事，很难做到学以致用。

4. 自己在教学中太局限于课本中出现的话题写作，今后应该更加丰富地设计写作课，加强话题选择、词汇内容引导，给学生足够的时间去深刻理解句子，使其会写且能够相互修改。